KB202989

이단은 왜 이단인가

연세신학문고 7

이단은 왜 이단인가
— 이단 기독교 바로 알기

2016년 3월 21일 인쇄
2016년 3월 30일 발행

지은이 | 허호익
펴낸이 | 김영호
펴낸곳 | 도서출판 동연
등　록 | 제1-1383호(1992년 6월 12일)
주　소 | 서울시 마포구 월드컵로 163-3
전　화 | (02) 335-2630
팩　스 | (02) 335-2640
이메일 | yh4321@gmail.com

ISBN 978-89-6447-304-7 03200
ISBN 978-89-6447-230-9 03200(세트)

연세신학문고 007

이단은 왜 이단인가

― 이단 기독교
바로 알기

허호익 지음

동연

이단 기독교 현상을 어떻게 볼 것인가?

한국교회는 현재 내외적으로 삼중적 위기에 처해있다. 여러 가지 이유로 '정통 기독교'의 교세가 침체하고 사회적 공신력과 영향력이 저하되어 사회가 교회를 걱정하는 지경에 이르렀다.

이에 덩달아 기독교신앙을 왜곡하고 거짓된 정보와 자료를 가지고 기독교에 대한 적대감을 노골적으로 표현하는 '안티기독교'의 세력도 만만치 않은 실정이다.

가장 심각한 것은 100개가 넘는 '이단 기독교' 집단들이 경쟁적으로 기독교 신앙의 본질을 왜곡하고 자신들의 세력을 확장하기 위해 기성교회의 신도들을 미혹하고 사회적 물의를 일으키고 있는 현실이다.

무엇보다도 2014년 4월 16일에 세월호가 침몰하여 우리 사회에 큰 아픔을 주었는데 그 실소유주가 오대양 사건과 연관되어 4년을 복역하기도 한 유병언(구원파)이라는 것이 밝혀지고 이어서 그가 도피 중 시체로 발견되어 사회적으로 엄청난 충격을 주었다.

박옥수(구원파, 기쁜소식선교회)와 (주)운화측은 2011년 '또별'이라는 일반 식품을 암과 에이즈 치료 효능이 있는 약으로 홍보-복용권유 함으로 (주)운화는 부당이득을 취하고 있다고 고발을 당하였다.[1] 2012년 3월 17일 채널A의 시사고발프로그램에서 '또별'이란 제품에 대해 문제를 제기하는 내용이 방영되어 사회적 물의를 빚기도 하였다. 여러 차례 재판 과정을 거쳐 2014년에는 '200억대 주식 사기 의혹'과 '400억대 자본시장과 금융투자법 위반 의혹'으로 피소되어 경찰 조사를 마치고 검찰에 송치되었다.[2]

---

1) "박옥수(구원파) 씨 등 '또별' 문제로 형사고발 당해", 「교회와 신앙」 2011년 12월 14일.
2) "검찰, 또 다른 구원파 박옥수 출국금지", 「교회와 신앙」 2014년 08월 14일.

최근의 한국의 이단 기독교의 특징 중 하나는 한류의 분위기에 편승하여 적극적인 해외 포교에 경쟁적으로 열을 올린다는 점이다. 그 여파로 해외에서도 한국의 이단 기독교가 물의를 일으키고 있다. 정명석은 2001년 해외로 도주하여 2006년까지 말레이시아─홍콩─중국 등에서 자신을 따르는 여신도들에게 병을 고쳐준다며 한국인 여신도 다섯 명을 성폭행하거나 강제 추행한 혐의로 지난 2월 범죄인 인도청구에 따라 구속 기소되어 2009년에 징역 10년을 선고받았다.[3]

미국의 피플지는 2015년 12월 12일 자 온라인 신문에서 하나님의교회 신도였던 미셸 콜론 씨와 탈퇴자 6명의 인터뷰를 통해 하나님의교회가 사람들의 약점을 이용해 신도로 만들고, 통제와 세뇌를 통해 '어머니 하나님'과 교회에 빠지게 했으며, '두려움과 죄책감'에 시달리게 했다고 폭로했다.[4]

이단 기독교는 피해를 입기 전에는 그 심각성에 둔감할 수 있다. 그리고 장기간의 성경공부를 통해 이단의 교리에 이미

---

3) "JMS교주 정명석 징역 10년 확정", 「국민일보」 2009. 4. 23.
4) "'하나님의교회' 미국서도 종말론 내세워 물의… 피플지 보도", 「국민일보」, 2016. 1.11.

세뇌되거나 중독되거나 미혹된 경우 이단의 굴레에서 빠져 나오기가 너무나 어렵고 힘든 일이라는 것이 여러 피해 사례를 통해 밝혀지고 있다. 따라서 이단 대책 사역을 하는 목회자들은 한결같이 이단 기독교에 관한 한 예방이 최선이라고 주장하는 것이다.

이단은 왜 생겨났을까? 예수께서 마지막으로 그의 제자들에게 명한 것은 "모든 족속으로 제자를 삼고 아버지와 아들과 성령의 이름으로 세례를 주고 내가 너희에게 분부한 모든 것을 가르쳐 지키게 하라"(마 28:19-20)는 것과 "땅 끝까지 이르러 내 증인이 되라"(행 1:8)는 것이었다.

제자들이 복음 선교의 열정을 가지고 예수께서 분부한 모든 것을 모든 족속에게 가르쳐 지키게 하려는 과정은 순탄치 못했다. 예수의 가르침을 변경하여 사도들이 "전파하지 아니한 다른 예수를 전파하거나"(고후 11:4) 그리스도의 은혜를 받은 자들이 그리스도의 복음을 변경하여 다른 복음heteron evangellion을 전하는 '이단 기독교'의 등장으로 신앙의 혼란이 야기된 사례가 많았다. 그래서 "하늘로부터 온 천사라도 우리가 너희에게 전한 복음 외에 다른 복음을 전하면 저주를 받을 것"(갈 1:6)이라고 경고하고, 성서의 가르침을 바르게 계승하여 '정통 기독교'를 수호하려는 신학적인 과제들이 생겨난 것이다. 따라서 이단Heterodox은 '다르기 때문에 틀린 거짓된 교훈'을 뜻하고, 정통Orthodox은 '바른 교훈'을 의미하게 된 것이다. 이와 더불어 정치적, 종교적, 철학적 이유로 기독교에 대하여 반감을 가지고 터무니없이 기독교를 부정하거나 비난하는 '안티 기독교'Anti-Christ도 등장하게 되어 이를 변증하는 것이 또 다른 신학의 과제로 대두된 것이다.

그러므로 신학의 본래 과제는 성서가 가르치는 신앙의 본질적인 내용을 잘 요약해서 가르쳐 '정통 기독교의 바른 교리를 세우고', 교회 안에서 틀린 교리를 가르치는 '이단 기독교를 반박하고', 교회 밖에서 기독교 신앙에 대해 터무니없이 비난하는 '안티 기독교에 대해 변증하는' 것이다.

따라서 이 책은 이단을 정죄하려는 것이 목적이 아니라 기성 교인들에게 바른 신앙의 기준을 제시하여 이단에 대한 경계심을 가지게 함으로써 이단의 미혹으로부터 경건한 신자들을 보호하기 위해서 쓴 것임을 밝혀 둔다. 이는 저자가 『안티 기독교 뒤집기』(동연, 2015)에 이어 『이단 기독교 바로 알기』

를 저술한 이유이기도 한다.

1장에서는 특히 기독교 신앙의 다양성과 일치성의 문제를 신학적으로 다루었다. 저자가 예장 통합의 이단사이비대책위원회 전문위원으로 여러 해 섬기면서 발표한 논문과 제안을 통해 정통과 이단을 구분하는 보편적인 기준으로 '사도신경과 WCC 헌장'을 제시하였다. 그리고 이 보편적 신앙고백에 근거하여 하나님, 예수 그리스도, 성령, 삼위일체, 성서, 교회, 구원에 관한 기본적인 교리 중 어느 하나라도 부정하거나 현저하게 왜곡하는 것을 이단으로 규정한 예장 통합의 입장을 다루었다.

사이비에 관해서는 "이단과 사이비를 둘 다 거짓된 가르침을 뜻하는 용어로 사용해 왔고 그 정도가 심한 것은 이단이고 덜한 것은 사이비로 규정"하여 왔다. "사이비는 '유사한 것 같지만 아닌 것'을 뜻하므로 단지 비윤리적인 것만을 의미하지 않는다. 이단과 사이비는 둘 다 성서적 용어로는 거짓 가르침, 거짓 교훈, 거짓 예언 등에 해당하는 것이기 때문이다.

따라서 이단으로 규정한 일곱 가지 기본 교리에 부수되는 주요한 교리 중 어느 하나라도 현저하게 왜곡하여 가르치는 경우¹ 그리고 그것이 반사회적이고 비윤리적인 경우를 우선적으로 고려하여야 할 것이다.

따라서 2장에서는 이단과 사이비 교리의 여러 사례들을 소개하였다. 그리고 3장에서는 이단 기독교의 형태적 특징에 해당하는 여러 사례를 제시함으로써 이단에 대한 경계심을 가질 수 있도록 하였다.

한국교회에 이처럼 이단이 속수무책으로 폭증하는 것은 여러 원인이 있겠지만 기독교의 기본교리에 대한 교육이 부실하고, 무엇보다도 잘못된 성서관의 영향이 아주 크다고 판단된다. 대부분의 이단 교주들이 제대로 신학교육을 받지 못한 자들이어서 기독교의 기본 교리와 성서비평학에 대해 무지하고 거짓된 교리를 왜곡된 성서해석을 통해 체계화하여 마치 특별한 계시의 진리인 것처럼 맹신하기 때문이다. 성경을 마치 비결서처럼 전후문맥으로 역사적 배경을 무시하고 문자적으로 자의적으로 그리고 주술적으로 해석하여 이단적 교리를 확대재생산하기 때문에 성경 형성사나 성서비평학에 무지한 신자들이 추종하게 되는 것이다.

따라서 이단을 뿌리째 근절할 수 있는 장기적인 비결은 기본교리 교육을 철저히 하고 성경의 역사적 배경에 기초한 성서의 비평적 이해도 평신도들에게도 가르쳐야 할 것이다.

성경의 원본이 존재하지 않고 여러 사본들 사이에 내용이 다른 것도 있으며, 번역 과정에서 생기는 오류가 많다는 것도 가르쳐야 할 것이다. 성경을 이해하려면 전후 문맥을 파악하고 성경 본문이 기록될 당시에 어떤 의미였는지를 우선 알아야 한다. 대략 2,000에서 3,000년 전에 히브리어와 희랍어로 기록된 성경을 정확히 이해하기 위해서는 히브리어나 희랍어도 알아야 하고 그 당시의 역사적, 종교적 배경을 이해해야 하는 데, 이것은 전문적인 연구가 요청되는 일이다. 그래서 칼빈은 성경을 이해하기 위해서는 성서를 전문적으로 공부한 교사의 도움이 필요하다고 하였다.

창세기 1-3장에는 최소한 서로 다른 두 자료가 있는데, 하나님의 이름을 엘로힘으로 표기한 것은 엘로힘 문서(E문서)이고 야훼 엘로힘으로 표기한 것은 야훼 문서(J문서)라 불리게 되었다는 것을 알게 되면 신천지 등 이단 기독교의 비유풀이, 짝풀이, 실상풀이가 먹혀들지 않을 것으로 확신하기 때문이다. 그리고 바벨론의 창조설화 및 홍수설화와 창세기의 창조

기사와 홍수 기사 사이의 공통점과 차이점을 배우게 된다면 창조와 타락을 피가름 교리로 해석하는 것이 불가능할 것이다.

끝으로 이 작은 책을 통해 '이단 기독교 교리'의 거짓됨과 '이단 기독교의 반사회적이고 비윤리적인 실상'에 대한 인식이 확산되어 맹목적으로 이단 기독교를 추종하거나 이에 미혹되는 일이 줄어드는 예방의 효과가 있기를 바라는 마음이 아주 크다.

무엇보다도 『안티 기독교 뒤집기』에 이어 『이단 기독교 바로 알기』를 연세신학문고로 출판하는 것을 허락하여 준 연세신학문고 편집위원 교수님들과 이 책을 아름답게 꾸며 출판해 준 도서출판 동연의 김영호 사장을 비롯한 여러 직원들에게도 깊이 감사드린다.

2016년 2월

허호익

차 례

1장

기독교 신앙의 다양성과 이단성

0 1

이 단 관 련 성 서 적 용 어 들

1) 이단(heresy)

신약성경에 등장하는 '이단異端'이라는 용어는 그리스어 하이레시스hairesis의 번역이다. 이 단어에서 라틴어 heresis와 영어 heresy가 유래하였다. 따라서 하이레시스는 대부분 우리말 성경에서 이단으로도 번역되었지만 전후 문맥에 따라 파, 당파, 편당으로도 번역되었다.

이단(행 24:5, 행 24:14, 갈 5:20, 딛 3:10, 벧후 2:1), 파(행 26:5 엄한 파, 28:22 이파), 당파(행 5:17), 편당(고전 11:19).

신약성서에서는 이단이라는 용어가 크게 3가지 개념으로 사용되었다.

첫째로 초대교회에서는 기본적인 교리상의 잘못을 공공연하게 채용하거나 외부에서 교회에 거짓된 교리를 가져와, 교회의 기초를 부정하는 거짓 교사에 대해 "멸망케 할 이단"(벧후 2:1, destructive heresies)으로 규정하였다.

둘째는 기독교 내에서 "당 짓는 것과 분리함과 이단"(갈 5:20), 편당(고전 11:19)을 비난했는데 이는 교회의 일치와 신자의 형제애를 해치는 것이므로 경계하였기 때문이다. 그래서 교회를 분열시키고 파당을 고집하는 무리를 "이단에 속한 자"(딛 3:10)로 규정하였다.

셋째로 사도행전 24장 5절과 14절에서는 유대인의 입장에서 그리스도교를 '나사렛 이단'이라고 한다. 이는 정통 유대교의 분파이거나 유대교에서 배척하는 집단이라는 의미로 사용된 것이다.

2) 적그리스도(Antichrist)와 거짓 그리스도

요한 서신에만 적그리스도(Antichrist)라는 용어가 네 번 나온다. 적그리스도는 '그리스도를 대적하는 자'라는 뜻인데 좁은 의미에서 "미혹하는 자"(요이 1:7)이다.

첫째는 "예수 그리스도께서 육체로 임하심을 부인하는 자"(요이 1:7)이다. 당시의 영지주의자들처럼 예수 그리스도께서 육체로 태어난 것이 아니라 육체라는 가면을 쓰고 나타난 것이라는 가현설假現說을 주장하며 예수의 인성을 부정하는 이들을 적그리스도로 규정하였다.

둘째는 "예수께서 그리스도이심을 부인하는 자"이며, "아버지와 아들을 부인하는 자"(요일 2:22)를 적그리스도로 규정한 것은 가현설과 반대로 예수가 하나님의 아들 되심과 그의 메시야성과 신성을 부인하는 보수적인 유대인들로 여겨지는 에비온파의 양자설養子說을 주장하는 이들을 말하는 것으로 보인다.

셋째로 "예수를 시인하지 아니하는 영마다 하나님께 속한 것이 아니니 이것이 곧 적그리스도의 영"(요일 4:3)이라고 하였으니 넓은 의미에서 그리스도교를 박해하는 적대적인 집단이나 세력을 지칭한다. 그리고 적그리스도의 출현은 마지막 때의 징조(요일 2:18)라고 하였다.

복음서에는 적그리스도라는 용어가 등장하지 않는 대신 '거짓 그리스도'라는 단어가 두 번 등장하는 데, 이적과 기사를 행하여 택하신 백성을 미혹하는 거짓 선지자들(막 13:22, 참고 마 24:24)을 지칭한다.

3) 거짓 선지자

신약성서에 이단과 관련되어 가장 많이 등장하는 용어가 거짓 선지자(12회)이다. 거짓 선지자는 거짓으로 자기를 하나님의 선지자라고 하는 자나 거짓으로 예언하는 사람을 가리킨다(마 7:15, 24:11, 24, 막 13:22, 눅 6:26, 행 13:6, 벧후 2:1, 요 4:1, 계 16:13, 19:20, 20:10). 이 거짓 선지자는 "양의 옷을 입고 너희에게 나아오나 속에는 노략질하는 이리"(마 7:15)이며, "택하신 백성을 미혹하는 자"(마 24:24)요, "멸망하게 하는 이단"(벧후 2:1)이다. "짐승의 표를 받고 그의 우상에게 경배하던 자들을 이적으로 미혹하던 자"(계 19:20)라고 하였다.

거짓 선지자는 구약성서에도 자주 등장한다. 참된 선지자와의 대결을 통해 거짓 선지자는 폭로되어 왔다. 아모스와 호세아와 같은 참된 예언자들의 주요한 과제 중의 하나는 거짓 선지자들과 싸우는 것이었다.(암 7장, 호 4:5) 미가야 시대에는 400명의 거짓 선지자(왕상 22:6)가 있었다고 한다. 예레미야서(23:13-14)에는 우상을 숭배하고, 간음을 행하고, 거짓말을 하며, 악행을 행하는 자들을 편드는 사마리아의 거짓 선지자에 대한 경고가 예리하게 기록되고 있다. 이들 거짓 선지자들은 하나님의 말씀을 전하는 것 보다, 자기들의 이익을 위해 사람들을 기쁘게 하는 말을 전했으며, 부패한 왕이나 제사장과 결탁하여 죄를 범하기도 하였다.

4) 거짓 사도 · 선생 · 증인 · 형제

'거짓 사도'false apostles는 '속이는 일꾼'으로서 자기를 '그리스도의 사도로 가장하는 자들'(고후 11:13)이다. 따라서 사도가 아니면서 '자칭 사도'라 하는 자이므로 이러한 거짓 사도를 시험하여 그 거짓을 분별하여 드러내는 것(계 2:2)은 칭찬할 일로 평가한다. 그들은 특히 사도의 권위를 악용하여 이단 사설을 전파하고 예수에 대한 첫사랑에서 신자들을 분리케 하기도 했다(계 2:2-4). 이처럼 초대 교회에는 아무 사명감도 없이 그리스도의 사도로 가장하여 자기들의 이욕을 채우기 위해, 기회를 틈타 교회에 잠입하는 자들이 없지 않았다. 이러한 거짓 사도 외에도 이들과 유사한 거짓 선생(벧후 2:1), 거짓 증인(고전 15:15), 거짓 형제(갈 2:4)와 같은 용어들도 등장한다.

0 2
정 통 , 이 단 , 사 이 비 의 정 의

1) 정통: 바른 교훈

　정통正統이라는 단어는 그리스어 'orthodox'를 번역한 것
으로 4세기 초부터 기독교적인 용어로 사용되기 시작하였다
고 한다. 이는 '바른, 진실한'을 의미하는 오르도스orthos와 '신
앙 또는 견해'을 의미하는 독사doxa라는 두 단어가 결합된 복
합어이다. 정통이라는 단어의 한자의 의미는 '바른 계통, 바른
교훈'이라는 의미를 가지고 있다. 위키 백과는 "정통주의
Orthodoxy란 경전에 있는 내용을 그대로 받아들이는 것을 말
한다"고 정의하였다.

정통이라는 단어는 성경에 등장하지 않는다. 정통이 '바른 계통'을 의미한다고 할 경우 이에 해당하는 '정통한'이라는 형용사는 공동번역 신약성서에만 모두 세 번 나온다.

'성서에 정통한'(행 18:24)
'유대인의 관습에 정통한'(행 26:3)
'법률에 정통한'(롬 7:1)

정통을 '바른 교훈'이라고 정의할 경우 이에 해당하는 '바른 교훈'healthy teaching이라는 단어는 신약 성서에 모두 네 번 (딤전 1:10, 딤후 4:3, 디도 1:9, 2:1) 등장한다.[1]

2) 이단: 다른 교훈

성서에서 말하는 이단은 왜 생겨났을까? 예수께서 마지막

---

[1] "정통과 이단", 『기독교대백과사전 13권』(서울: 기독교문사, 1994), 1044.
'바른'으로 번역된 형용사 '건전한'이라는 뜻을 지닌 그리스어 'hygianouse' 이다.

으로 그의 제자들에게 명한 것은 "모든 족속으로 제자를 삼고 아버지와 아들과 성령의 이름으로 세례를 주고 내가 너희에게 분부한 모든 것을 가르쳐 지키게 하라"(마28:19-20)는 것과 "땅 끝까지 이르러 내 증인이 되라"(행1:8)는 것이었다.

제자들이 복음 선교의 열정을 가지고 예수께서 분부한 모든 것을 모든 족속에게 가르쳐 지키게 하려는 과정은 순탄치 못했다. 예수의 가르침을 그대로 가르치지 않고 다르게 사도들이 "전파하지 아니한 다른 예수를 전파하거나"(고후 11:4) '그리스도의 은혜를 받은 자들이 그리스도의 복음을 변경하여 다른 복음(heteron euangellion)을 전하는' 신앙의 혼란이 야기된 사례가 많았다. 그래서 "하늘로부터 온 천사라도 우리가 너희에게 전한 복음 외에 다른 복음을 전하면 저주를 받을 것"(갈 1:6)이라고 경고하였다. 특히 디모데전서 1장 3절과 6장 3절에는 "다른 교훈을 가르치다"라는 독립된 동사 '헤테로디다스칼레오'가 사용되고 있으며, 갈라디아서 머리말에는 '다른 복음'이라는 단어가 무려 네 번씩 반복하여 등장한다.

그리스도의 은혜로 너희를 부르신 이를 이같이 속히 떠나 **다른**

복음 좇는 것을 내가 이상히 여기노라 **다른 복음**은 없나니 다만 어떤 사람들이 너희를 요란케 하여 그리스도의 복음을 변하려 함이라 그러나 우리나 혹 하늘로부터 온 천사라도 우리가 너희에게 전한 복음 외에 **다른 복음**을 전하면 저주를 받을지어다 우리가 전에 말하였거니와 내가 지금 다시 말하노니 만일 누구든지 너희의 받은 것 외에 **다른 복음**을 전하면 저주를 받을지어다(갈 1:6-9).

앞에서 살펴본 것처럼 신약성서 그리스어로는 이단을 '하이레시스'hairesis라 지칭하였다.[2] 그리스 고문헌에서는 이 단어가 처음에는 '고집' 또는 '선택'을 의미하였는데 통상적이나 정통적인 견해와 '다른 견해'를 선택하여 이를 고집하는 '당파'나 '종파'의 뜻으로 발전하였다고 한다. 따라서 '하이레시스'라는 단어에는 '다른 견해와 종파'라는 두 가지 의미를 함축하고 있다.[3]

---

[2] https://en.wikipedia.org/wiki/Heresy

[3] 한국교계에서는 이단(異端)이란 한자어는 극단(極端)과 관련시켜 '끝이 다른 자'라는 뜻으로 해석되지만, 원래 이단의 端 자는 바르다, 곧다, 옳다는 뜻이므

무리를 지어 '다른 교훈'을 가르치며 '당을 짓는 자들'을 비난하는 것은 이들이 교회를 분열시키고 신자들 사이의 형제애를 해치기 때문이다. 그리하여 이같이 파당을 고집하는 자들을 '이단에 속한 자'로 경계한 것이다(딛 3:10).

신약성서에는 다르다는 표현이 둘이 나온다. 물론 이 두 단어를 꼭 개념적으로 엄밀하게 구분하여 사용한 것은 아니지만 편의상 이를 구분하고자 한다. 첫째는 allos라는 단어인데 영어의 another에 해당한다. 이는 단지 '색깔이 다르다'라는 표현처럼 다양성을 의미한다. 둘째는 heteros라는 단어인데 이는 영어의 difference에 해당한다. 이는 '갯수가 틀린다'는 표현처럼 상위相違나 이단성을 의미한다. 따라서 '다르기 때문에 틀린 교훈'을 뜻하는 'heterodox'를 이단異端이라 칭하는 것이다.[4] 이에 반하여 '바른 교훈'을 뜻하는 'orthodox'를 정통正統으로 번역한 것이다.

흔히 이단에 대해 "처음에는 같았으나 끝에 가서 달라지는 것"으로 설명하는 경우가 있다. 이는 이단의 '단端' 자를 극

로 이단(異端)은 옳지 않다, 바르지 않다는 뜻으로 보는 것이 더 정확하다.

4) https://en.wikipedia.org/wiki/Orthodoxy

단極端이라는 의미로 '끝 단'으로 해석하기 때문이다. 그러나 이단의 단자에는 '바르다'는 의미로 '단정端正 또는 단정端整'이라는 뜻도 있다. 따라서 이단은 처음부터 "바르지 않고 정리되지 않은 것"을 의미한다. 이단이라는 한자어의 본래 뜻 역시 그리스어 하이레시스hairesis처럼 '다르기 때문에 틀린 가르침'을 의미한다.

동양에서도 이단은 거짓된 가르침이라는 의미에서 사설邪說이라 하였다. 특히 유학에서는 자신들의 가르침을 정학正學이라하고 이에서 벗어난 사상이나 종교를 모두 '이단사설異端邪說'로 규정하였다.5)

3) 사이비 : 거짓된 교훈

사이비似而非라는 단어 역시 성서에는 나오지 않고, 『논어論語』의 양화편陽貨篇에 나오는 말이다. 문자적인 의미는 "비슷해(似) 보이나(而) 그렇지 않다(非)는 뜻으로, 겉으로는 그것

---

5) 그 실례로 천주교가 조선에 들어왔을 때, 보수유학자들이 천주교는 정학(正學)인 유학에 반하는 사학(邪學)이라고 하면서 박해하였다.

과 같아 보이나 실제로는 전혀 다르거나 아닌 것을 말한다"[6]
는 뜻이다. 공자는 '나는 사이비한 것을 미워한다'孔子曰惡似而
非者'고 하였다. 사이비는, 외모는 그럴듯하지만 본질은 전혀
다른, 즉 겉과 속이 전혀 다른 것을 의미한다.

공자가 사이비로 여겨 미워하는 이유는 여러 가지이다. 말
만 잘하는 것을 미워하는 이유는 신의를 어지럽힐까 두려워서
이고, 정鄭나라의 음란한 음악을 미워하는 이유는 아악雅樂을
더럽힐까 두려워서이고, 자줏빛을 미워하는 이유는 붉은빛을
어지럽힐까 두려워서이다. 이처럼 공자는 인의仁義에 뿌리를
내리지 못하고 겉만 번지르르하고 처세술에 능한 사이비를
'덕을 해치는 것'으로 보았기 때문에 미워한 것이다.[7]

'사이비'라는 의미와 비슷한 뜻으로 성서에서 사용되는 단
어를 굳이 찾는다면, 예수가 말하는 '외식하는 자'(마 23장)가
이 범주에 해당할 수 있을 것이다. 그러나 한국교회가 '사이비'
라는 용어를 사용하게 된 것은 일제시대를 거치면서 종교혼합
적인 '유사類似 종교'들이 우후죽순으로 생겨났기 때문인데 그

---

6) "사이비", https://ko.wikipedia.org.
7) "사이비", 두산백과(인터넷판)

가운데서 반사회적이고 비윤리적인 유사 종교나 유사 기독교를 사이비 종교 또는 사이비 기독교로 명명하게 된 것이다. 기독교계에서 사용하는 '사이비'라는 용어는 이처럼 사이비 종교pseudo-religion에서 유래하여 기독교와는 유사하지만 기독교가 아닌 사이비 기독교pseudo-christianity를 지칭하는 용어가 된 것이다.

일반적으로 비윤리적이고 반사회적인 행동을 하는 종교를 사교라고 하기 때문에 '사이비'를 윤리적인 의미로 판단하는 경우가 많다. 그러나 정통교회에 속하는 성직자나 신자들이 비윤리적이고 반사회적인 범죄를 저지르는 일탈의 행위를 하는 경우에는 엄밀한 의미에서 사이비가 아니라 윤리적 일탈이라고 보아야 한다. 왜냐하면 사이비라는 용어 자체도 이미 '진리인 것 같으나 진리가 아닌 거짓된 가르침(邪敎)'이라는 종교적 의미를 지니고 있기 때문이다. 따라서 사이비는 교리를 어기고 일탈적 행위를 한 것에 대한 윤리적인 도덕적 판단이 아니라, 반사회적이고 비윤리적 행위 자체를 정당화하는 거짓된 교리를 기준으로 판단하여야 한다.

우리나라에도 오만 원권의 위조지폐가 많이 발견된다. 진짜 지폐에는 일곱 가지 내외의 표식이 있다고 한다. 가짜와 진짜를 구별하는 기준은 이러한 일곱 가지 내외의 표식이다. 진짜 지폐에 때가 묻거나 구겨졌거나 낙서가 되어 있다고 해서 가짜라고 하지 않는다. 이런 것들은 모두 화폐의 외형적 비본질적인 요소이기 때문이다. 오만 원권의 특징을 나타내 주는 본질적인 표식 중 어느 하나라도 없으면 위폐로 판단하는 것이다.

마찬가지로 정통적인 교회에 속한 성직자가 불륜을 행하거나 공금을 횡령하거나 도박을 하거나 폭력을 행사하여 물의를 빚는 경우, 엄밀히 말하면 이런 행위를 했다고 하여 사이비로 규정할 수 없다. 이는 진짜 지폐에 '때가 묻거나 구겨진 것'에 상응하는 것이기 때문이다.

물론 비윤리적이고 반사회적인 행동 자체도 문제 되지만 그러한 행동의 근거를 교묘하게 교리체계로 만들어 종교적 역기능을 수행하는 경우에 한하여 사이비 또는 사교라고 규정하여야 할 것이다. 예를 들면 초기의 통일교의 경우처럼 '피가름 교리'를 이용하여 혼음하거나, '소유권 환원'이라는 교리로 전 재산의 헌납을 요구할 경우 이는 윤리적 선악의 문제가 되기도 하지만 본질적으로 교리적인 진위眞僞의 문제가 되기 때문이다. 따라서 기독교적 의미에 사이비는 성서의 가르침에 벗어나 비윤리적이고 반사회적인 교리를 교묘하게 위장하여 가르치는 것이라고 할 수도 있다.

이상의 논의를 정리하면 기독교적 성서적 의미의 정통과 이단과 사이의 기본 개념을 다음과 같이 정의할 수 있다.

정통(orthodox) : 성서의 주요한 가르침을 바르게 전하는 바른 계통과 바른 진리

이단(heterodox) : 성서의 주요한 가르침을 다르고 틀리게 전하는 분파의 거짓된 교리

사이비(似而非) : 성서의 가르침을 왜곡한 비윤리적이고 반사회적인 거짓된 교리

0 3

이 단 의 등 장 과 신 학 의 과 제

앞서 언급한 것처럼 예수께서 마지막으로 그의 제자들에게 명한 것은 "모든 족속으로 제자를 삼고 아버지와 아들과 성령의 이름으로 세례를 주고 내가 너희에게 분부한 모든 것을 가르쳐 지키게 하라"(마 28:19-20)는 것과 "땅 끝까지 이르러 내 증인이 되라"(행 1:8)는 것이었다. 복음 선교의 지상 과제를 위해 부르심을 받은 사람들의 공동체가 바로 교회인 것이다. 이러한 예수의 최후 명령에 따라 기독교 신앙의 전승을 위해 원시 교회 공동체가 그들의 사명을 수행하는 과정에서 크게 세 가지 구체적인 과제가 제기되었다.

- 모든 족속에게 세례를 주고 : 세례교육을 위해 신앙의 요약
  과 이방인 선교를 위한 새로운 지침이 요청됨.
- 분부한 모든 것을 가르침 : 성경의 일부만을 극단적으로
  가르치거나 다르게 왜곡하여 가르치는 자들이 등장함으
  로 신앙의 바른 정립이 요청됨.
- 분부한 모든 것을 지키게 함 : 기독교 신앙을 지키지 못하게
  하는 정치적 박해, 종교적 도전, 철학적 비판이 제기됨으
  로 신앙의 변증이 요청됨.[8]

복음이 유대와 사마리아와 땅 끝까지 그리고 유대인에서
이방 유대인과 이방인들에게 전해지고 확장되는 과정에서 많
은 교회들이 세워지고 다양한 사람들이 유입되면서 복음에 대
한 다양한 해석과 다양한 신앙 유형이 형성되었다. 예수가 분
부한 모든 것을 '그대로 명확하게' 가르쳐 지켜야 하는데, 그
중 어떤 이들은 예수가 분부한 것을 '다르게 왜곡하여' 가르치
고 지키는 사람들이 등장하게 된 것이다.

그리고 예수가 분부한 '모든 것을 일관성 있게' 가르쳐야 하

---

8) 허호익, 『신앙, 성서, 교회를 위한 기독교신학』 (서울: 동연, 2009), 52.

는 데 그 중에 일부는 자기들이 선호하는 '일부만 극단화 하여' 가르치는 무리들도 생기게 된 것이다. 그리하여 앞에서 언급한 것처럼 다른 복음, 다른 예수, 다른 교훈, 다른 영(고후 11:4; 갈 1:6; 딤전 1:3)을 가르치는 사람들 때문에 교회 내에 신앙의 혼란이 야기된 것이다. 그 다양성 가운데 어떤 것은 단지 다른 것이 아니라, 본질적으로 다르기 때문에 틀린 것, 나쁜 것, 거짓 된 것들이 드러나는데 이를 이단이라 부르게 된 것이다.

기독교가 공인되기 전에 교회 내에서 극단적으로 다른 신앙을 주장하여 교회를 혼란시킨 신앙의 유형으로는 예수의 인성만 강조하는 에비온파와 예수의 신성만 강조하는 영지주의가 있었다. 에비온파처럼 보수적인 유대인들이었다가 기독교를 받아들인 사람들 중에는 나사렛 예수는 자신들과 같은 다윗의 후손이 인간으로 태어났는데 후에 하나님의 아들이 되었다는 양자설養子說을 주장하였다. 이들은 예수의 신성을 주장하면 전통적으로 유대교에서 강조해 온 유일신 신앙을 포기하는 이신론二神論이 된다고 여겼던 것이다.

반면에 영지주의의 영향을 받은 로마 교회의 장로 마르키온과 같은 자들은 신은 영원불변한 존재이므로 육체를 지닐

수 없다는 영육이원론을 신봉하여 왔기 때문에 예수 그리스도는 신적 존재인데 잠시 이 땅에 육신의 가면을 쓰고 나타났다는 가현설假現說을 주장하였다.

기독교가 공인된 후 최초의 니케야 회의(325)와 이어서 계속된 예수의 신성과 인성에 관한 양성론 논쟁은 칼케돈 회의(451)에서 극단적인 양자설과 가현설을 거부하고 그리스도는 참 하나님이요, 참 인간이라는 결론에 이르게 되었다. 성서는 분명히 예수가 동정녀 마리아에게서 육체로 태어났다고 가르치며 동시에 '나의 주 나의 하나님'(요 20:28)으로 고백하기 때문이다. 그래서 양자설과 가현설의 양극단적인 가르침을 이단으로 배격하고 성서의 가르침을 종합하여 그리스도가 참된 신성과 참된 인성 모두를 지녔다는 역설적인 양성론兩性論의 기초를 확립한 것이다.[9] 이처럼 기독교 교회는 끊임없이 신앙의 다양성 가운데서 양극단으로 빠지지 않으면서 성서의 가르침에 따라 신앙의 일치를 추구하여 왔다.

251년경에는 박해기간 동안 배교한 자를 교회가 받아들일

---

9) 위의 책, 58.

것인가의 여부를 놓고 코르넬리우스 감독과 노바티아누스 장로 사이에 의견 대립이 격해 져서 결국 로마교회가 분열되었다. 코르넬리우스 감독은 교회는 밀과 가라지가 섞여 있는 죄인의 공동체이며 동시에 의인의 공동체이며, 복음은 회개한 죄인에 대한 무조건적인 용서의 은총이므로 배교자라 할지라도 회개할 경우 교회가 수용해야 한다는 온건한 입장을 취하였다.

반면에 노바티아누스 장로는 거룩한 교회에 죄인인 배교자가 들어 올 수 없다는 엄격한 입장을 취하였고 자신의 입장이 수용되지 않자 로마교회를 분열시키고 추종자들에 의해 감독으로 추대되었다. 당시 세계의 모든 교회의 중심에 있었던 로마교회가 둘로 분열된 것은 모든 기독교인들에게는 충격적인 사건이 아닐 수 없었다.

이런 상황에서 키프리아누스는 『공교회의 일치를 위하여』라는 책을 통해 비본질적인 신학적인 갈등을 이유로 그리스도의 몸을 찢는 분열은 잠시 그리스도에게 대적하는 배교보다더 나쁘다는 것을 조목조목 주장하고 교회가 하나 되어야 한다는 사실을 역설하였다.

그래서 콘스탄티노플 신조(381년) 이후 다양한 교회의 본질적 일치를 위해 하나의 교회, 거룩한 교회, 보편적 교회, 사도적 교회를 교회의 4대 표식으로 가르쳐 온 것이다. 키프리아누스는 비본질적인 사소한 신앙의 다양성을 용납하지 못하고 이를 정죄하여 교회의 분열을 부추기는 것은 극히 삼가야 해야 하며 '다양성 가운데에서 화합과 일치를 이루는 것'을 가장 중요한 교회의 과제라는 것을 일깨워 준 것이다.[10]

뿐만 아니라 로마의 정치적 박해와 더불어 알렉산드리아 켈수스Celsus와 같은 그리스 철학자는 『참된 교훈』(178)이라는 반기독교 저술을 통해 성서의 기적, 그리스도의 성육신, 십자가 등을 비난하고 기독교는 고상한 철학자의 종교가 아니라 무식한 이방 천민들의 미신이라고 비판했다. 심지어 예수를 로마 군인 판테라Pantera의 사생아라고 주장하기도 하였다. 따라서 이러한 '안티 기독교'에 대한 변증이 신학의 또 다른 과제로 부상하게 된 것이다.

이처럼 '이단 기독교'가 등장한 상황에서 성서의 가르침을

---

10) 위의 책, 57 이하.

바르게 계승하여 '정통 기독교'를 수호하려는 신학적인 과제들이 생겨난 것이다. 이런 배경에서 이단Heterodox은 '다르기 때문에 틀린 거짓된 교훈'을 뜻하고, 정통Orthodox은 '바른 교훈'을 의미하게 된 것이다. 이와 더불어 정치적, 종교적, 철학적 이유로 기독교에 대하여 반감을 가지고 터무니없이 기독교를 부정하거나 비난하는 '안티 기독교'Anti- Christ도 등장하게 되어 이를 변증하는 것이 또 다른 신학의 과제로 대두된 것이다.

초대교회의 역사를 보면 교회 안팎에서 등장한 이단 기독교와 안티 기독교가 제기한 여러 신학적 문제들을 해결하는 과정에서 신학적인 논의가 활성화되고 그 결론으로서 새로운 교리들을 채택하면서 '정통기독교의 일치'를 모색하여 온 것을 알 수 있다. 그래서 종교개혁자 칼빈은 신학의 과제를 건전한 교리가 발붙일 수 있도록 신앙을 잘 요약하고 사악한 교리를 자세히 비판하는 것으로 보았다. 『기독교강요』 최종판 (1559)에서 이 책을 저술한 목적을 두 가지로 설명하였다.

첫째로 "나의 목적은 단지 어떤 기초적인 사실들을 전달함으로 그것에 의해 종교에 열심을 가진 사람들이 참된 경건에 도달하게 하는 것"[11]이라고 하였다.

둘째는 프랑스에서 일어난 새로운 복음 운동(루터파의 종교개혁)에 대한 탄압을 시도한 "사악한 사람들의 격노로 건전한 교리가 발붙일 자리가 없게" 되었기 때문에, 복음주의자들을 위한 변증과 탄원을 위해 당시의 프랑스 왕 프랑수아 폐하에게 "그들의 중상모략에 귀를 기울이시게 되지 않도록 우리를 중상하는 자들의 사악한 계획들을 자세히 개진해 올렸다"[12]고 하였다. 칼빈은 신학을 신앙의 기초적인 사실을 요약하여 참된 신앙에 이르도록 가르치는 것이고 사악한 교리를 막아내고 건전한 교리가 발붙일 수 있게 하는 것이라고 보았다.

이런 입장은 가톨릭교회도 예외는 아니었다. 종교개혁에 대응하기 위하여 모인 트렌트 공의회(1545-1563)에서 처음으로 신학의 과제와 기능을 세 가지로 공식 정의하였다.[13]

1) 계시의 진리를 정의하고 설명하는 일.

2) 교설(敎說)을 조사하여 오설(誤說)을 규명하며 단죄하고 정

---

11) J. Calvin / 원광연 역, 『기독교강요 상』 (서울: 크리스챤다이제스트, 2003), 16.
12) 위의 책, 37.
13) G. Gutierrez / 성염 역, 『해방신학』 (서울: 분도출판사, 1991), 20-21.

설(正說)을 옹호하는 일.

3) 권위를 가지고 계시의 진리를 가르치는 일.

이 정의를 보면 계시의 진리를 정의하고 오설을 단죄하고 정설을 옹호하는 세 가지로 요약되므로 칼빈의 입장과 크게 다르지 않다.

19세기의 대표적인 신학자 슐라이어마흐 역시 『신앙론』을 통해 신학을 신앙의 학문으로 규정하고, 이어서 『신학연구입문』에서는 신학의 분야를 크게 철학적 신학, 역사적 신학, 실천적 신학으로 나누었는데, 특히 철학적 신학은 변증학과 변론학으로 구분하였다. 변증학은 외부로부터 기독교을 박해하고 도전하고 비판하는 일체의 것에 대한 변증을 목적으로 하는 신학이고, 변론학은 교회 내에서 이루어지는 신앙의 극단화와 왜곡에 대해 변론하는 것을 목적으로 하는 신학이라고 하였다.[14]

이를 현대에 와서 에밀 부룬너는 신학사에 나타난 신학의

---

14) F. Schleiermacher, 『신학연구입문』 (서울: 대한기독교출판사, 1982)

세 뿌리에서 비롯된 것이라고 분석한 바 있다.[15]

첫째는 교회의 선교 과정에서 교회 안에서 거짓 교리를 가르치는 이단과 교회 밖에서 기독교를 비판하는 이교를 논박하기 위한 투쟁(Struggle against false doctrine) 과정에서 기독교 신학이 형성되었다.

둘째로 처음 교회는 교리 교육(cathechetical instruction)과 세례 교육(preparation for Baptism)을 위해 기독교 신앙의 내용을 요약하여 효과적으로 가르칠 필요가 있었다.

셋째로 교회가 점차 성정하면서 성서에 대한 연구가 깊어지게 되고 따라서 성서를 어떻게 해석하느냐는 것이 중요한 과제가 되었다. 그리하여 성서해석Biblical exegesis의 방법들이 정교하게 되고 이와 더불어 기독교 신앙을 보다 체계적으로 설명하려는 사변적 동기가 생겨나게 되었다.

이들의 견해를 모두 종합해 보면 신학은 신자들의 신앙 교육적 동기, 반기독교적인 세력에 대해 신앙을 변호하는 변증적 동기, 이단적인 기독교 세력의 잘못된 신앙을 반박하는 변

---

15) E. Brunner, *The Christian doctrine of God : dogmatics, v. 1.*, Westminster Press, 1950.

론적 동기에서 비롯된 것임을 알 수 있다.

다시 말하면 신학의 본래 과제는 성서가 가르치는 신앙의 본질적인 내용을 잘 요약해서 가르쳐 '정통 기독교의 바른 교리를 세우고', 교회 안에서 다르기 때문에 틀린 교리를 가르치는 '이단 기독교를 반박하고', 그리고 교회 밖에서 기독교 신앙에 대해 터무니없이 비난하는 '안티 기독교에 대해 변증하는' 것이다.

0 4

신 앙 의 다 양 성 과 일 치 를 위 한 과 정

　기독교 신앙의 유일한 기준인 성경을 그 내용이 너무 방
대하고 다양하기 때문에 그 가장 본질적이고 기본적인 내용은
요약하는 일이 쉽지 않아 이 일이 신학의 일차적인 과제가 된
것이다. 예루살렘의 시릴Cyril of Jerusalem은 신앙의 본질적인
내용을 요약하여 신앙의 기준을 정할 필요성을 다음과 같이
역설하였다.

"어떤 사람은 배우지 못했기 때문에, 또 어떤 사람은 시간이 없기
때문에, 모든 사람이 다 성경을 읽을 수는 없다… 따라서 우리는
믿음에 관한, 전체의 교리를 단 몇 줄로 요약하는 것이다. 이것들
은 암기해서 잘 간직 되어져야 했는데 왜냐하면, 그것은 어떤 인

간적인 집성이 아니라, 성경으로부터 모은 가장 중요한 요점들이기 때문이다."16)

당시에는 성경을 읽을 수 있는 사람들의 비중이 전체 인구의 10%내외였고, 그나마 글을 읽을 수 있는 자들조차도 성경이 너무 방대하여 모두 읽기가 어려웠을 것이다. 그리고 성경을 다 읽었다 하더라도 그 내용이 워낙 다양하여서 중요한 내용을 정확이 요약하는 일은 아주 특별한 교사나 신학자들에게나 가능한 일이었다. 그리고 여러 세대를 거쳐 오면서 그때그때마다 신앙공동체가 기독교 신앙의 중요한 것을 정확히 요약하여 세례지원자에게 가르칠 필요가 있었고 다양한 신앙의 문제를 성서의 가르침에 비추어 해결할 수 있는 신앙의 지침이 필요했던 것이다.

무엇보다도 성서의 가르침과 다르게 가르치는 다양한 이단들이 우후죽순으로 등장하여 신앙의 혼란이 가중되자 어느 쪽이 '성서를 바르게 가르치는 정통이고 어느 것이 성서를 틀

---

16) Franees M. Young / 이후정 홍삼열 역, 『초대기독교신조형성사』 (서울: 컨콜디아사, 1994), 17.

리게 가르치는 이단'인지를 구분할 수 있는 '신앙의 규범' regular fidei을 마련한 필요성이 대두되었다. 그리하여 2세기에 이르러 이레네우스나 터툴리아누스와 같은 교회의 지도자들이 저마다 이러한 규범을 제안하였다. 특히 로마교회 장로였던 마르키온이 성서를 영지주의식으로 해석하여 가르쳤기 때문에 이를 효과적으로 반박하게 위한 신앙의 규범으로 서 '로마신조'가 형성되었다. 그리고 이 로마신조가 가다듬어져서 오늘날의 '사도신경'으로 채택된 것이다.[17]

4세기에 기독교가 공인된 이후에도 전통적인 신앙을 정립하고 이단을 반박하는 신앙의 지침을 정하기 위해 니케야 신조를 비롯한 7개의 에큐메니칼 공의회에서 정한 신조들이 생겨났다. 니케아(325년), 콘스탄티노플(381년), 에베소(431년), 칼케돈(451년), 2차 콘스탄티노플(553년), 3차 콘스탄티노플(680-681년), 2차 니케아(787년)에서 각각 일곱 차례에 걸쳐 공교회들이 모여 신앙의 다양성 가운데 일치의 공통분모를 모색함으로써 교회의 연합과 일치를 유지하려고 한 것이다.[18]

---

17) 허호익, 『신앙, 성서, 교회를 위한 기독교신학』, 371. 이하. "영지주의 기독교 왜곡과 사도신경의 형성"을 참고 할 것.

그러나 가톨릭교회도 중세를 거쳐 오면서 1054년 동서 교회로 분열하였다. 이어서 1517년 루터의 종교개혁으로 인해 가톨릭교회와 개신교회가 크게 분열하여 오늘에 이르게 되었다.

루터와 칼빈과 같은 종교개혁자들은 한결같이 성경이 '기독교 신앙의 유일한 기준'(sola fidei regular)이라고 하였다.

그러나 성경에 대한 해석이 다양하므로 종교개혁자들 가운데서도 다양한 견해들이 제시되었고 그 중에는 이단적인 것도 없지 않았다. 따라서 '성경을 요약한 신조나 신앙고백'이 만들어 질 수밖에 없었다. 그래서 성경은 기독교신학과 신앙과 삶의 1차 표준(norma normans)으로 삼고 '여러 정통적인 신조와 신앙고백'은 기독교 신앙의 정통성을 위한 제2차 표준(norma normata)으로 삼게 된 것이다.[19] 이런 배경에서 개신교에서도 하이델베르크 요리문답, 스코틀랜드 신앙고백, 벨기에 신앙고백, 제2 스위스 신앙고백, 웨스트민스터 신앙고백 등 16세기 개혁교회의 신앙고백서들 및 바르멘 신학선언 등

---

18) "First seven Ecumenical Councils", https://en.wikipedia.org/
19) 이형기, "사이비 이단에 대한 판단 기준", 대한예수교장로회 총회 편, 『이단 사이비대책 역대세미나』 (서울: 대한예수교장로회 총회, 2001), 135.

보편적 개혁교회의 신앙고백이 등장하였다.

이러한 신앙고백들은 시대의 필요성에 따라, 그 시대의 이단적 주장을 배격하고 기독교 신앙의 기본을 바르게 정립하여 다양한 교회들의 본질적 일치의 공통분모를 모색하는 과정에서 형성된 기독교 신앙의 정통교리인 것이다.

칼빈 이후 개신교 진영에서 가장 크게 신학적인 논쟁이 된 것은 소위 칼빈주의와 알미니안 주의의 갈등이다. 알미니우스Jacobus Arminius가 중심이 되어 인간의 자유 의지, 조건적 선택, 보편적 구원, 거부할 수 있는 은총, 은혜로부터의 타락을 주장하자 일단의 정통적인 칼빈주의자들은 이를 강력하게 비판하게 된 것이다.

1610년 네덜란드 교회에 제기한 알미니안파의 다섯 가지 항변서(Arminian Remonstrance)에 대하여 칼빈파들은 오랜 논의 끝에 도르트 총회(1619)에서 '도르트 규범(Canon of Dort)'을 결의하였다.[20] 이 규범 중 다섯 항목TULIP이 칼빈주의의 5대 강령으로 알려지게 되었다.

---

20) W. C. Placher, 『기독교 신학사 입문』 (서울: 크리스챤다이제스트, 1994), 305.

1) 전적 타락(Total Depravity): 원죄로 인한 타락으로 인해 인간의 자유 의지는 부패하였고 선을 알고 행할 능력도 상실하였다.

2) 무조건적 선택(Unconditional Election): 창세 전에 하나님의 결정에 따라 선택과 유기가 선택된 것이다.

3) 제한적 속죄(Limited Atonement): 그리스도는 구원받을 사람만을 위해 속죄의 제물이 되셨다.

4) 불가항력적 은혜(Irresistible Grace): 하나님의 은혜가 주어질 때 인간이 그것을 거절할 수 없다.

5) 성도의 견인(Perseverance of Saints): 한 번 선택받은 자에게 하나님은 그 은혜를 영원히 견지(堅持)하게 하신다.

이 5항목의 내용이 개혁주의의 특징인 '전적 은혜'를 대변하고 있기 때문에 '은혜의 교리'라고도 불린다. 그러나 이러한 아르미니안주의의 5대 교리나 칼빈주의 5대 교리 중 하나가 개신교 신앙의 본질로서 일치의 공통분모가 될 수 없었다. 이 둘은 각각 감리교와 장로교의 신학 전통으로서 신학적 다양성으로 수용되었기 때문이다.

미국의 개신교가 부흥하면서 19세기를 맞이하게 되자 사회적 환경이 크게 변하게 되었다. 무엇보다도 진화론과 근대 과학적인 세계관이 퍼지면서 정통적인 교리를 회의하거나 거부하는 이들도 생겨나게 되었다. 무엇보다도 성서비평학이 등장하여 성서문서설로 발전하게 되자 칼빈주의자들이 강조해온 성서영감설과 성서비평학 사이의 교리적 갈등이 극에 달하였다.

그리하여 20세기를 전후 하여 성서영감설과 관련한 교리 논쟁이 미국 교계를 주도하였다. 1878년 나이아가라에서 모인 사경회Niagara Bible Conference에서 14개의 항목으로 된 소위 '나이아가라 신조'를 채택하였는데, 그중에 5개 항목을 1895년부터 '5대 근본 교리'로 알려지게 되었다.21)

1) 성서의 축자영감설(The verbal inspiration of the Bible)

2) 그리스도의 동정녀 탄생(The virgin birth of Christ)

3) 그리스도의 대속적 죽음(The substitutionary atonement of

---

21) http://en.wikipedia.org/wiki/Niagara_Bible_Conference. 14개 항목을 참고할 것.

Christ for the sins of the world)

4) 그리스도의 육체적 부활(Christ's bodily resurrection)

5) 그리스도의 재림(Christ's second coming)

　　미국장로교총회(PCUSA)는 1910년, 1916년, 1923년에
이 '근본주의 5대 교리'를 교단의 정통성 확립을 위한 필수적
인 교리로 채택하였다.[22] 이 여파로 미국 북장로교의 프린스
턴신학교는 메이첸J. G. Machen이 중심이 되어 보수적인 5대
근본 교리를 옹호하는 일에 앞장섰다. 이토록 맹렬하게 전개
되던 근본주의 운동도 결정적인 위기를 맞이하게 된다. 뉴욕
제일장로교회의 담임목사였던 포스딕H. E. Fosdick은 1922년 5
월 21일 "근본주의자들이 승리할 것인가?"라는 제목의 설교
를 통해 자유주의자들도 기독교인임을 강조하는 한편, 근본
주의자들의 편협과 불관용을 비판했다. 그리고 그리스도의
처녀 탄생과 성서의 영감, 그리스도의 재림 등을 절대적 교리
로 고집하는 근본주의자들은 온 세계가 무지와 빈곤과 전쟁

---

22) 기독교문사편, 『기독교대백과사전 2권』 (서울: 기독교문사, 1994), 801.

등 사회악으로 죽어 가고 있는데도 "사소한 일로 다투고 있다"고 비난하였다. 또한 이러한 시대착오적 발상과 세속 사회에 대한 무관심을 비판하고 교회의 사회적 책임을 강조하였다. 새로운 지식, 현대 과학, 새로운 신학을 거부하고 신앙의 자유를 억압하는 근본주의는 마침내 실패할 것이며 그리고 천년왕국설을 앞세워 무리하게 해외 선교를 하는 것 역시 성공할 수 없다고 비판하였다. 근본주의자들 사이에도 근본주의 자체의 교리적 축소주의, 방법적 편협주의, 소아병적 부정주의, 전투적 호전성 그리고 분열의 악순환을 자체 비판하기에 이르렀다.23)

이러한 주장에 동조하는 세력들이 형성되어 마침내 성서 비평학을 수용하여야 한다고 생각하는 목사 1,274명이 1924년 1월 뉴욕의 오번 신학교에 모여서 미국장로교총회에서 결의한 "근본주의 5대 교리"를 수용할 수 없다고 선언하였다. 그리고 교단 내 목사들의 사상과 교육의 자유를 주장하고 앞으로 목사 고시에 응시할 목사후보생은 5대 교리에 얽매일 필요

---

23) 김기홍, 『프린스톤신학과 근본주의』(서울: 아멘출판사, 1993); J. Barr, 『근본주의 신학』(서울: 대한기독교서회, 1993).

가 없다고 결의했는데, 이것이 '오번 선언'Auburn Affirmation이다. 이 여파로 결국 1929년 메이첸 일파는 전통적인 성경관의 기반이 흔들리는 것을 느끼고 프린스턴 신학교에서 이탈하여 웨스트민스터 신학교를 설립하게 되었다.[24]

20세기 초, 미국에서 일어난 문서설과 고등 비평 수용 여부로 인한 신학교와 교단 분열이 30년이 채 못 되어 한국 교회에서 그대로 재현되었다. 결정적인 분란은 '아빙돈 주석 사건'이다. 해외에서 신학 공부를 하고 돌아온 장로교와 감리교의 젊은 신학자들이 개신교 선교 50주년을 기념하여 부분적으로는 고등 비평까지 수용한 최첨단의 성경 주석서인 『아빙돈 단권 성경 주석』(1934년)을 번역 출판하였다. 보수적이고 근본주의적인 신앙을 가지고 있던 미국인 선교사들과 길선주 목사 등은 이 책을 이단서라고 규정하고 출간에 참여한 장로교 소속 목사들을 처벌하라고 총회에 건의하였다. 1935년 총회에서 이 문제가 정식 안건으로 상정되었고, 박형룡 목사는 이 주석이 "성서를 파괴적인 고등 비평의 원칙으로 해석하며 계시

---

24) N. L. Gaisler, 『성경무오, 도전과 응전』 (서울: 엠마오, 1988), 457.

의 역사를 종교적 진화의 편견으로 분석하고 있다"25)고 지적하였다.

이러한 신학적 갈등이 축적되어 해방 이후에 신학교와 교단 분열의 한 계기가 되었다. 이 분열의 중심에는 둘 다 프린스턴 신학교를 나온 박형룡과 김재준이 버티고 있었다.26) 공교롭게도 김재준은 반문서설과 성경무오설을 주장하던 메이첸 일파가 프린스턴 신학교를 떠난 해에 1929년부터 프린스턴 신학교에서 수학을 하였기 때문에 자연스럽게 고등 비평을 수용하는 학문적 전제가 확고하였다.

반면에 박형룡의 미국 프린스턴 신학교 수학 기간(1923-1926)은 기본적으로 구 프린스턴 신학과 일치했다. 1923년 무렵에 프린스턴 신학교가 근본주의 대 현대주의 논쟁에 휩싸이는 것을 보면서 메이첸 박사의 반문서설의 영향을 받은 것이다.27) 결국 한국 개신교는 해방 이후에 이 두 진영의 신학

---

25) 「조선예수교장로회총회 제24회 회록」(1935), 19, 54.

26) 허호익, "한국신학의 회고", 「總神」 제10호(1987), 26-40

27) 최덕성, "박형룡과 개혁과 정통신학", 『정통신학과 경건』 (서울: 본문과현장사이, 2006), 127-158.

적 입장의 차이를 대변하는 김재준과 박형룡의 주장이 팽팽하여 기독교장로회와 예수교장로회로 분열하게 되었다.

그 결과 현재의 한국 교회는 성서관에서 이 양대 진영이 나뉘어 있다. 장로교(통합) 기장, 감리교, 성공회 등 에큐메니칼 노선을 지향하는 교단과 신학교는 성서의 고등 비평을 수용하는 입장이고 장로교(합동), 성결교, 침례교, 하나님의 성회 등 복음주의적 노선을 지향하는 교단과 신학교는 성서의 고등 비평이나 문서설에 대해 대체로 비판적인 입장이다.

그러나 오늘날에 와서는 그 누구도 성서비평학이나 성서영감설 둘 중 하나가 기독교신앙의 본질적인 내용이라고 주장할 수 없게 되었다. 성서관의 다양한 입장 중에 하나로 보아야할 것이다.

오늘날 한국교회에 이처럼 이단이 속수무책으로 폭증하는 것은 여러 원인이 있겠지만 기독교의 기본교리에 대한 교육이 부실하고, 무엇보다도 잘못된 성서관의 영향이 아주 크다고 판단된다. 대부분의 이단 교주들이 제대로 신학교육을 받지 못한 자들이어서 기독교의 기본 교리와 성서비평학에 대해 무지하고 거짓된 교리를 왜곡된 성서해석을 통해 체계화하여 마치 특별한 계시의 진리인 것처럼 맹신하기 때문이다. 성경을 무슨 비결서처럼 전후문맥과 역사적 배경을 무시하고 문자적, 자의적, 주술적으로 해석하여 이단적 교리를 확대재생산하기 때문에 기본교회와 성서비평학에 무지한 신자들이 추종하게 되는 것이다. 따라서 이단을 뿌리 채 근절할 수 있는 장기적인 비결은 기본교리 교육을 철저히 하고 성경의 역사적 배경에 기초한 성서의 비평적 이해를 평신도들에게도 가르쳐야 할 갓이다.

성경의 원본이 존재하지 않고 여러 사본들 사이에 내용이 다른 것도 있으며, 번역 과정에서 생겨지는 오류가 많다는 것도 가르쳐야 할 것이다. 성경을 이해하려면 전후 문맥을 파악하고 성경 본문이 기록될 당시에 어떤 의미였는지를 우선 알아야 한다. 대략 2,000에서 3,000년 전에 히브리어와 희랍어로 기록된 성경을 정확히 이해하기 위해서는 히브리어나 희랍어도 알아야 하고 그 당시의 역사적, 종교적 배경을 이해해야 하는 데, 이것은 전문적인 연구가 요청되는 일이다. 그래서 칼빈은 성경을 이해하기 위해서는 성서를 전문적으로 공부한 교사의 도움이 필요하다고 하였다.

창세기 1-3장은 최소한 서로 다른 두 자료가 있는데, 하나님의 이름을 엘로힘으로 표기한 것은 엘로힘 문서(E문서)이고 야훼 엘로힘으로 표기한 것은 야훼 문서(J문서)라 불리게 되었다는 것을 알게 되면 신천지 등 이단 기독교의 비유풀이, 짝풀이, 실상풀이가 먹혀들지 않을 것으로 확신하기 때문이다. 그리고 바벨론의 창조설화 및 홍수설화와 창세기의 창조기사와 홍수기사 사이의 공통점과 차이점을 배우게 된다면 창조와 타락을 피가름 교리로 해석하는 것이 불가능할 것이다.

0 5

W C C 헌 장 과 일 치 의 공 통 분 모

　루터의 종교개혁 이후 개신교회의 여러 교파들이 우후죽
순처럼 생겨났다. 1,500년 동안의 가톨릭의 제도적 교회에서
벗어나 개인의 신앙의 자유를 강조한 개신교회는 개교파주의
와 개교회주의의 성격이 강하여서 종교개혁 이후 전 세계적인
협력 기구가 없이 지내왔다. 개신교 국가 간의 전쟁이라고도
할 수 있는 1-2차 세계대전은 개신교 지도자들에게 큰 충격을
주었다. 양차대전의 교전국들이 대체로 기독교 국가들이었으
므로 전후의 기독교 지도자들은 세계 평화를 위해서라도 기독
교회의 연합과 일치의 필요성 크게 느끼게 되었다.

　이런 배경에서 양차 대전을 전후하여 기독교의 다양한 교
파를 초월하여 모든 기독교인의 보편적 일치를 추구하기 위해

교회일치운동Ecumenism28)이 일어났다. 예수 그리스도의 가르침과 기독교 교회의 목표는 진리이신 하나님의 말씀을 알고 행하는 일에 하나가 되는 것이었다. "아버지여 아버지께서 내 안에, 내가 아버지 안에 있는 것 같이 그들도 다 하나가 되어 우리 안에 있게 하사 세상으로 아버지께서 나를 보내신 것을 믿게 하옵소서"(요 17:21)라는 말씀이 이를 증명한다. 그리하여 1910년 에딘버러에서의 제1회 세계선교회의를 통해 세계 교회 일치운동을 발족하게 됐다. 이러한 기독교 교회 일치운동은 2차대전 이후에 구체화되었다.29)

그리하여 오랜 준비 끝에 1948년 네델란드 암스테르담에서 43개국 147개 개신교 교단의 351명의 총대가 참석하여 세계기독교교회협의회(WCC)를 창립하였다. 그런데 종교개혁 이후 430년 만에 147개의 각기 다른 개신교 교단들이 한 자리에 모였을 때, 이들은 각자의 역사와 전통, 교리와 제도, 각종

---

28) 그리스어 *οἰκουμένη* 오이쿠메네로부터 유래.

29) "에큐메니즘", https://ko.wikipedia.org 그러나 한국의 개신교 최대 교파인 예장합동과 예장고신 등 많은 보수 교단들은 교회일치운동을 반대하고 있다.

의식과 복식服飾 등이 너무 다양하다는 사실을 피차 확인할 수 있었다. 이러한 사소하고 비본질적인 여러 사안에 대해서는 일치 자체가 불가능할 수도 있으며, 일치를 강요할 경우 신앙의 다양성과 신앙의 자유를 헤치는 신앙의 획일과 독선에 빠질 수 있기 때문이다.

1948년 암스테르담Amstertam에서 역사와 교리와 제도와 의식이 다양한 147개의 개신교 교파들이 모여 WCC를 창립할 때 기독교 신앙의 다양성 가운데 본질적으로 보편적으로 하나 되어야 할 일치의 공통분모를 모색한 끝에 "세계교회협의회는 우리 주 예수 그리스도를 주와 구세주로 받아들이는 교회의 협력체"라고 정의하였다.30)

그리고 일치를 위한 공통분모로서 "예수 그리스도를 하나님과 구세주로 고백하고, 성경에 의해 선포되었고 사도적 공동체에 의해 설교된 구원과 인류의 종국적 운명에 대한 신앙과 성령으로 말미암아 삼위일체 하나님의 삶을 사는 신앙"이라고 하였다. 그 후 여러 논의를 거쳐 1961년 뉴델리 총회에

---

30) 이형기, 『정통과 이단』 (서울: 대한예수교장로회총회출판국, 1992), 169-170.

서 개정한 헌장 제1조가 지금까지 사용되고 있다.

"세계교회협의회(WCC)는 성경이 증거 하는 바대로 주 그리스
도 예수께서 하나님과 구세주이심을 고백하며 따라서 성부 성자
성령 한 하나님의 영광으로 부르심을 받은 공동의 소명을 함께
성취하고자 노력하는 하나의 교회들의 교제이다."[31]

20세기의 사도신경이라 할 수 있는 WCC 헌장은 사도신
경의 본질적인 내용을 포함하고 있다. WCC 헌장의 네 가지
신앙 내용 즉, 예수 그리스도, 구원, 성부 성자 성령 한 하나님,
교회에 관한 신앙은 2,000년 교회의 역사 중에 가중 중요하고
오래되고 기본이 되는 신앙기준인 사도신경에도 나타나 있지
만, 성경을 하나님의 말씀으로 계시와 신앙의 유일한 규범
(sola fidei regular)으로 믿는 신앙은 사도신경에는 언급되어
있지 않다. 가장 큰 이유는 사도신경이 형성된 때에는 아직 성

---

31) "The World Council of Churches is a fellowship of churches which
confess the Lord Jesus Christ as God and Saviour according to the
scriptures, and therefore seek to fulfil together their common call-
ing to the glory of the one God, Father, Son and Holy Spirit."

경이 정경화 되기 이전이었기 때문이다. 그리고 성경이 정경화 된 후에도 교회의 권위를 성경의 권위 위에 둔 가톨릭교회의 전통 때문에 종교개혁 이전까지 성경에 대한 바른 기독교적 신앙관이 확립되지 못하였다고 보아야 할 것이다. 기독교 신앙은 성서가 계시와 신앙의 유일한 규범이므로 '오직 성경'이라는 개신교의 원리가 기본 교리에 반영되어야 한다. 따라서 WCC 헌장의 함축된 의미를 살펴보면 다음과 같다.

첫째는 종교개혁의 '오직 성경'이라는 원리에 따라 성경이 증거하는 바를 따르지 않는 신앙은 기독교일 수 없다는 고백이다. 성경의 권위를 부정하거나 몰몬교처럼 성경 외의 다른 경전을 주장하는 것은 기독교가 아니라는 의미가 함축되어 있다. 일치의 근거는 성서이지만 성서 66권의 모두가 말씀이 똑 같이 중요한 것으로 볼 수 없다.

예수께서도 "박하와 회향과 근채의 십일조"를 바쳐 성서를 문자적으로 해석하여 실천하는 것 보다 "의와 인과 신"을 행하는 성서의 더 중요한 정신을 실현하라고 하였다. 미루어 보면 예수께서 본문(마 23:23)을 통해 '신앙에 있어서도 더 중요한 것과 덜 중요한 것'이 있음을 분명하게 가르친 것이다. 그래서

WCC헌장은 '성경의 여러 중요한 가르침 중에 가장 중요한 신앙의 본질적인 내용'을 "주 예수 그리스도를 하나님과 구세주"이며 "성부 성자 성령 한 하나님"이라고 믿는 것이라고 정한 것이다. 이는 기독교 신앙의 다양성 속에서 일치를 추구하는 최소한이 공통분모라고 본 것이다.

둘째로 주 예수 그리스도를 하나님이라고 고백하였다. 예수 그리스도를 예언자 중에 한 사람으로 주장하는 유대교나 이슬람교와 기독교의 차별성이 드러났고, 예수를 위대한 성인으로 인정하지만 여호와의 증인처럼 그의 신성을 부정하는 이들은 더 이상 기독교인이라 할 수 없다는 사실을 담고 있는 것이다.

셋째는 예수 그리스도가 구세주라 고백을 하였다. 타종교에도 구원이 있다하여 예수의 구주되심을 부인한다면 이는 더 이상 기독교라고 할 수 없다는 주장이다.

넷째는 성부, 성자, 성령이 한 하나님이라고 고백하여야 한다는 것이다. 삼위일체를 부정하거나 성령의 신성을 부정하는 것도 기독교라고 할 수 없기 때문이다.

다섯째로 위의 네 가지 신앙에 일치하는 모든 기독교인들은 서로 성도의 교제를 통해 공동의 소명을 함께 성취하여야 한다는 것이다. 그동안의 개교파주의를 극복하고 "거룩한 공교회와 성도의 교제를 믿습니다"라는 신앙고백을 강조하려 한 것이다.

WCC의 지도자들은 이러한 개신교의 역사적인 교리 논쟁을 회고하면서 17세기 칼빈주의의 5대 교리나 20세기 근본주의의 5대 교리를 기독교의 본질로서 기독교 신앙의 일치를 위한 공통분모로 삼을 수 없다는 것을 확인하였을 것이다. 기독교 신앙의 보다 중요한 본질적 내용 즉 '일치의 공통분모'를 위의 헌장과 같이 새롭게 정리한 것은 신학사적으로 획기적인 일이 아닐 수 없다.

다시 말하면 칼비니즘의 5대교리나 근본주의의 5대 교리보다 더 중요하고 본질적인 성서의 가르침은 예수 그리스도가 하나님이요, 구세주이시며, 성부, 성자, 성령이 한 하나님이시며, 최소한 이러한 사실을 믿는 모든 교회들은 서로 공동의 소명을 위해 교제하고 협력하여야 한다는 사실을 천명한 것이다. 위의 WCC헌장은 20세기의 사도신경이라 할 수 있는데, 기독교의 정체성을 새롭게 확인할 수 있는 본질적으로 중요한 신앙고백을 함축하고 있기 때문이다.

1990년 스코틀랜드의 던블레인에 모인 WCC 산하 '신앙과 직제 상임위원회'는 하나님을 믿고, 예수 그리스도를 믿고, 성령을 믿는 "사도적 신앙에 대한 공동고백은 에큐메니칼 역사를 통하여 확인된 바, 일치의 본질적 요소들 가운데 하나이다"라는 사실을 재확인하였다. 그리고 세계교회가 기독교신앙의 본질에 있어서 가시적으로 일치하기 위해서는 사도적 신앙의 공동고백 외에 세례, 성만찬, 직제에 대한 상호인정을 제시하였다. 교회의 성례, 교회의 정치제도의 다양성을 비본질적인 것으로 인정한 것으로 해석할 수 있다.[32] 따라서 "사도적 신앙에 대한 공동고백"을 계승한 WCC의 헌장 1조와 그 정신을 살펴보면 현대 기독교의 다양성 가운데 일치의 공통분모를 다음과 같이 모색하고 있는 것을 알 수 있다. 사도신경과 WCC 헌장의 본질적인 내용을 비교해 보면 다음과 같다.

---

32) 세계교회협의회 엮음, 『세계교회가 고백해야 할 하나의 신앙고백』 (서울: 한국장로교출판사, 1996), 11.

■ 사도신경과 WCC헌장의 골자 비교

사도신경(150년경)	WCC 헌장(1961)
1. 하나님을 믿습니다.	1. 성경을 (하나님의 말씀으로) 믿습니다.
2. 하나님 예수 그리스도를 믿습니다.	2. 예수 그리스도를 하나님으로 믿습니다.
3. 성령을 믿습니다.	3. 예수 그리스도를 구세주로 믿습니다.
4. 하나의 거룩하고 보편적인 교회를 믿습니다.	4. 성부, 성자, 성령을 한 하나님으로 믿습니다.
5. 죄사함(구원)을 믿습니다.	5. 교회들의 교제를 믿습니다.

따라서 사도신경과 WCC 헌장을 종합하면 기독교 신앙의 일치의 공통분모로서 다음과 같은 일곱 가지의 주요한 신앙고백이 드러난다.

1) 성부 하나님을 믿습니다.(신론)

2) 성자 하나님 예수 그리스도를 믿습니다.(기독론)

3) 성령을 믿습니다.(성령론)

4) 성부, 성자, 성령을 한 하나님으로 믿습니다.(삼위일체론)

5) 성경을 (하나님의 말씀)으로 믿습니다.(성경론)

6) 하나의 거룩하고 보편적인 교회와 성도의 교제를 믿습니다. (교회론)

7) 죄사함과 구원을 믿습니다.(구원론)

따라서 다양한 기독교 신앙과 관련하여 정통과 이단을 규정하는 기준도 이 일곱 가지 신앙에 대한 정통적인 기본교리에 근거하여 본질적으로 일치 하느냐 일치 하지 않느냐에 달려 있다고 보인다. 이 일곱 가지 신앙의 본질적이고 정통적인 기준 중 어느 한 가지라도 부정하거나 현저하게 왜곡하거나 극단화시키는 가르침은 이단이라고 규정할 수 있을 것이다. 가장 다양한 교파들이 소속해 있는 세계교회협의회가 이러한 헌장을 결의한 것은 신앙의 본질적이고 보편적인 내용에 있어서는 모든 교회가 그 다양성에도 불구하고 일치하여야 할 공통분모라고 보기 때문이다.33) 이런 근거에서 예장통합총회에서는 저자의 제안에 따라 "이단 사이비 정의와 표준 지침에 관한 연구보고서"(2008)가 채택되어 위의 일곱 가지 기준이

---

33) 위의 책.

정통과 이단을 구분하는 지침으로 결의한 바 있다.[34]

2013년 제10차 WCC 부산 총회를 전후하여 한국교회에서도 WCC 총회를 반대하는 이들은 WCC에는 이슬람, 불교심지어 시민단체가 참여하여 있다거나, 모든 교파를 통합하여 단일교회를 만들려고 한다거나, 성경의 권위를 부정한다거나, 그리스도의 신성을 인정하지 않는다거나, 개종전도 금지를 주장한다거나, 선교를 포기했다거나, 용공단체로서 게릴라 자금 지원 단체라거나, 동성애 지지를 결의했다고 주장하는데, 이는 WCC를 현저하게 왜곡하는 허위사실임이 분명하다. 그리고 WCC가 편파적인 신학이라거나, 사회선교만 몰두한다거나, 다원주의를 조장하며 종교혼합주의의 위험성이 있다는 것은 WCC의 정신과 성격에 대한 몰이해와 왜곡된 편견에서 비롯된 경우가 많은 것으로 보인다.

공산주의가 등장하면서 기독교계에서는 공산주의를 주장하면서 동시에 기독교인이 될 수 있는가하는 문제들이 제기되었다. WCC 헌장 정신에 따르면 공산주의자이든 자본주의자

---

34) 대한예수교장로회 이단-사이비상담소, 『종합 이단-사이비 연구보고집』(서울: 한국장로교출판사, 2011), 284 이하.

이든 그 이념은 비본질적이고 사소한 것이며, 그가 예수 그리스도를 하나님과 구세주로 믿으며, 삼위일체를 고백하고 공교회와 성도의 교제에 참여하느냐는 것이 보다 중요하고 본질적인 기독교인의 정체성을 드러내는 기준이라는 점을 제시한 것이다.

그렇기 때문에 WCC는 초기부터 동구권과 중공의 공산주의 국가의 대표들과 러시아 정교회의 대표가 참여하였던 것이다. 이로 인해 냉전시대의 논리로 WCC가 용공단체라는 오해와 배격을 받은 것이 사실이지만, 유엔에 공산주의 국가들이 회원으로 참여한다고 하여서 유엔이 용공단체는 아닌 것처럼, WCC도 개신교회의 유엔과 같은 기관이라고 보아야 할 것이다.

WCC는 2013년 현재 140개국의 349개 교단이 참여하고 있는 전세계의 개신교회를 대표하는 기관이기 때문에 다양한 신학적인 배경을 가진 이들이 참여하고 종교다원주의나 동성애 등 여러 사회적 쟁점들에 대한 신학적 논의를 수행해 온 것은 사실이지만, 종교다원주의나 동성애를 지지하는 데에 일치된 합의를 본 적이 결코 없다고 한다.

지난 10차 총회 동안 다양한 세계적인 문제와 신학적인 쟁점에 대한 논의를 활발하게 하여 왔지만 모든 회원교회 전체가 동의한 것은 헌장 1조에 나타는 신앙고백이라고 할 수 있다. 그리고 이러한 논쟁은 모두 WCC 헌장에 비추어 보면 비본질적이고 사소한 신학적 다양성을 드러내는 쟁점들이기 때문이다.[35]

---

35) 자세한 반박 내용은 소책자「WCC 바로 알자」참고, www.wcc2013.kr

0 6

교 파 의 다 양 성 과 이 단 기 독 교

일부 극단주의자들은 정통이라고 주장하는 루터와 칼빈도 가톨릭교회로부터 이단으로 정죄되었다는 역사적 사실을 들면서, 인간이 어떻게 이단, 사이비를 판별하고 정죄할 수 있느냐 '이단이라고 정죄하는 자가 이단'이라는 주장을 하기도 한다.

그러나 예수님의 절대적인 기준에서 볼 때는 "형제를 미워하는 것도 마음으로 살인하는 것"이지만, 인간의 상대적인 기준에서 볼 때 미워하는 것과 실제로 살인을 하는 것은 하늘과 땅의 차이가 있는 것이다. 따라서 모든 이단과 정통을 최후심판 때 하나님이 마지막 판단을 하실 것이지만, 우리가 이 세상에 사는 동안 신앙의 혼란을 막고 교회의 질서를 유지하기 위한 최소한의 판단 기준은 마련할 필요가 있다.

개신교 전통에서는 '성경이 신앙과 행위에 대한 정확무오한 유일한 법칙'[36]임에도 불구하고 각 교단마다 그 교회의 형편과 처지에 따라 교회법인 '헌법'을 제정하여 신앙의 질서를 유지하고 있는 것이다. 이러한 법이 절대적인 것은 아니지만 그러나 아무런 법도 질서도 없을 경우 그 무법천지의 혼란이 더 심각하였다는 사실이 교회사를 통해 증명된 것이다.

그러나 특정 무리가 단지 자신들과 다르다는 이유로 보편적인 기준도 없이 상대방을 이단으로 정죄하여온 오류와 횡포를 반복하지 않기 위해서는 상대적이긴 하지만 그래도 보편성을 띨 수 있는 '정통과 이단 구별'의 명시적인 기준을 마련하여야 할 것이다. 이러한 보편타당한 기준을 제시하려면 기독교 신앙의 다양성과 일치성의 문제를 심도 있게 고려하여야 한다.

교회사적으로 보아도 아주 다양한 신앙의 유형이 등장하였

---

36) 웨스트민스터신앙고백(1647) 1장 2와 예장 통합의 경우 신조 1에 명시되어 있다.

고 그 중 어떤 것은 단지 정통교회의 가르침과 다르다는 이유로 이단으로 정죄되었다. 때로는 사소한 주제에 대한 신앙의 다양한 자유로운 표현을 억압하여 마녀사냥식의 이단 심문이 벌어지기도 하고, 교권 쟁탈의 이해관계에 따른 갈등이 이단시비로 비화되기도 하였다. 그래서 단지 다르다는 이유로 이단이라고 규정된 교리들이 후대에 신학적으로 새롭게 평가되고 복권되는 경우도 없지 않았다. 예를 들면 초대교회에서 성부수난설은 이단으로 정죄되었으나 몰트만과 같은 다수의 현대신학자들에 의해 십자가의 삼위일체론으로 새롭게 조명되고 있다.

따라서 '하나의 거룩한 공교회와 성도의 교제'를 위한 일치의 공통분모를 추구하기 위해서 보편적이고 본질적인 신앙의 내용이 무엇인가하는 합의가 요청되었다. 신앙의 일치를 추구하는 것은 어거스틴의 말한 것처럼 "본질에는 일치하고 비본질에는 자유하고 매사는 사랑으로 하는 것"이기 때문이다.

성경에서도 "할례를 받은 것이나 안 받은 것이나 그것이 문제가 아니고 하나님의 계명을 지키는 것이 중요합니다"(고전 7:18 표준새번역)라고 하였다. 할례나 무할례와 같은 의식은 기독교 신앙에 있어서는 비본질적인 것이므로 일치해야 할 본질은 하나님의 계명을 지키는 것임을 밝혀준다.

그리고 "유대사람이나 그리스 사람이나, 종이나 자유인이
나, 남자나 여자나 차별이 없습니다. 그것은 여러분이 그리스
도 예수 안에서 다 하나이기 때문입니다"(갈 3:28 표준새번역)
라고 하였다. 유대인이냐 그리스인이냐는 인종적인 배경은 다
양하지만 이 역시 비본질적인 것이므로 차별을 두지 말고 그
리스도인이라는 본질에서는 일치해야 한다는 가르침이다.

이런 의미에서 교회의 직제와 제도에 관해서는 다양한 형
태로 발전되어 왔지만 그것이 기독교 신앙의 본질이 아니라고
볼 수 있다. 예를 들면 가톨릭의 교황제도, 정교회와 성공회의
총대주교 제도, 장로교의 대의代議제도, 감리교의 감독監督제
도, 침례교의 회중會衆제도 그리고 심지어는 제도와 직제를 두
지 않는 퀘이커파 무교회주의까지 존재한다.[37] 이러한 제도
는 비본질적인 것이기 때문에 다양성이 인정되는 것이다.

그리고 성찬론에 있어서도 가톨릭교회의 화체설化體說, 루
터의 공재설共在說, 쯔빙글리의 상징설, 칼빈의 영적 임재설

---

37) 이종성, 『교회론 II』(서울: 대한기독교 출판사, 1988), 115-130.; W.
　　Niesel, 『비교교회론』(서울: 대한기독교출판사, 1988), 368-326.

등38)으로 다양하지만 이 역시 신학적 다양성으로 피차 인정하는 것이기 때문에 단지 상호 간에 신학적인 약점에 대해서는 비판하지만, 서로 다른 성찬론을 주장한다고 상대방을 이단으로 규정하지는 않는 것이다.

개신교의 경우 가톨릭교회와 달리 무수한 여러 교파教派로 나누어진 것도 이러한 제도의 다양성뿐 아니라 비본질적인 신앙의 내용에 대해서도 개인들의 신앙의 자유에 속한 문제는 피차 인정하는 대신 사도신경에 포함된 신앙의 본질적이고 보편적인 내용에 대해서 일치의 공통분모를 가지고 있기 때문에 피차 '하나의 거룩한 공교회公教會로서 성도의 교제'를 하고 있는 것이다.

따라서 대부분의 교파教派 교회들은 공교회를 인정하지만 이단異端의 본질적인 특징 중 하나는 예를 들면 여호와의 증인처럼 집총거부나 수혈거부 같은 비본질적이고 사소한 신앙의 내용을 본질로 강조하고 문자적으로 지키면서 기존의 공교회 부정하고 자기들만이 참된 교회라고 주장한다는 점이다.

---

38) 이종성, 『교회론 I』 (서울: 대한기독교 출판사, 1988), 433-445.

한스 큉은 하나의 거룩한 공교회라는 입장에서 본질적이고 포괄적인 신앙의 일치에서 벗어나는 세 가지 사례를 제시한 적이 있다. 공교회의 신앙과 생활에서 갈라서는 열교(裂教, schisma), 벗어난 이단(異端, heresis), 대적하는 배교(背教, apostasis)가 있다고 하였다.39) 기독교의 역사를 보면 초기 가톨릭에서 여러 차례의 분열이 있어 왔다. 그리스정교회와 러시아정교회 그리고 프로테스탄트 교회가 분열schisma되었다.

그러나 이러한 분열에도 불구하고 가톨릭교회나 정교회나 개신교회는 모두 성서의 가르침과 분열되기 이전의 교회의 역사와 전통을 계승하고 있기 때문에 이단異端이라고 할 수 없다. 가톨릭교회와 개신교는 교리와 제도와 역사의 다양성 가운데에도 보편적이고 본질적인 신앙에 일치의 공통분모가 있기 때문에 피차 이단으로 정죄하기 보다는 '분열된 형제교회'라는 뜻에서 '시스마' 즉 열교裂教나 이교離教라고 한 것이다.

가톨릭 입장에서 개신교는 가톨릭교회의 본질에서 벗어나

---

39) Hans Küng/이홍근, 『교회란 무엇인가?』 (서울: 분도출판사, 1978), 174.

거나 본질을 부인하는 것이 아니고 단지 가톨릭교회에서 분열하여 나간 교회라는 뜻에서 열교裂教라고 한 것이다. 반면에 이단은 "스스로 어떤 다른 이질적 본질을 추구하는 것"이고, 배교는 "본연–본래의 본질을 직접 부인하는 것"이라고 하였다.[40] 따라서 이단과 배교는 열교와 달리 본질적인 일치에서 벗어난 신앙으로 규정한 것이다.

"이슬람교도 이단인가?" 하는 질문이 제기되기도 한다. 그러나 이단은 동일한 종교를 공통기반으로 한다. 따라서 이슬람교는 기독교가 아니므로 불교나 유교처럼 타종교를 지칭하는 이교異教라고 하여야 할 것이다.

---

40) 위의 책, 177.

0 7

이 단 이 발 생 하 고 성 장 하 는 이 유

정통교회가 고백해 온 기독교 신앙의 기본적인 교리를 현저하게 왜곡하여 거짓된 교리를 주장하는 거짓 예언자 또는 거짓 교사를 이단(벧후 2:1)이라고 한다.[41]

이단이 왜 발생하고 성장할까? 첫째로 속이는 사람과 속는 사람이 있기 때문입니다. 예수님도 많은 거짓 선지자들이 일어나서 사람들을 미혹할 것이라고 하였다(마 24:11). 성경을 제멋대로 거짓되게 잘못 해석하는 이단, 사이비는 두 부류가 있다. 의도적으로 거짓을 말하는 자와 몰라서 잘못 말하는 자

---

41) 이 글은 「현대종교」 2007년 1월호 79-81에 발표한 것이다.

이다. 전자는 겉으로는 친절하고 호의적이지만 그 본심은 간교하고 사악한 자이고, 후자는 무지한 자로서 소경이 소경을 인도하듯 결과적으로 자신도 속고 남도 속이는 사람이다. 어느 시대든 알고 속이는 자와 모르고 속이는 자가 있으며, 이에 동조하는 바람잡이가 있고, 그리고 어리석거나 욕심으로 인해 판단이 흐려져 속는 줄도 모르고 속는 사람이 있기에 이단과 사이비가 사라지지 않는 것이다.

둘째로 이단들이 '광명의 천사로 가장'(고후 11:4)하여 하나님의 이름으로 거짓 계시를 말하기 때문이다. 거짓 선지자에 대해 성서는 "내 이름으로 거짓 예언을 하도다. 나는 그들을 보내지 아니하였고 그들에게 명하거나 이르지 아니하였거늘 그들이 거짓 계시와 복술과 허탄한 것과 자기 마음의 속임으로 너희에게 예언하도다"(렘 14:14)라고 하였다. 이처럼 거짓 계시를 일삼다 보면 거짓에 마비되고 중독되어 거짓을 거짓인 줄 모르고 오히려 거짓을 즐기게 된다. 스스로 거짓의 달콤함에 빠지고 이에 많은 사람들이 추종하게 되면 자신의 거짓을 절대적인 진리로 착각하고 기만하는 악순환이 반복되는 것이다.

셋째로 '거짓 선지자들이 일어나 큰 이적과 기사'(막 13: 32)를 보이기 때문에 더욱 성행하는 것이다. 무당이 작두를 타고 마술사들이 마술을 보여주듯이 이단들도 때로는 병을 고치고 귀신을 쫓아내고 이적과 기사를 꾸며 보이기도 한다. 그리고 헛된 예언과 거짓된 계시를 빙자하여 성경의 권위를 무시하고 신자들을 미혹하기도 한다. 사람들은 말씀을 바로 깨닫고 철저히 행하고 힘써 전하는 것보다 눈에 보이는 요상한 기적에 더 현혹되기 때문에 이단에 미혹되는 경우가 많다.

그래서 예수님은 "악하고 절개 없는 이 세대가 기적을 요구하지만 예언자 요나의 기적밖에는 따로 보여 줄 것이 없다"(마 12:39)고 하였고, 바울은 유대인들은 표적을 구하나 우리는 십자가의 도를 전한다(고후 1:22-23)고 하였다.

넷째로 '목자 없는 양과 같이 고생하며 유리하는 무리'(마 9:36)들이 많기 때문이다. 사회적으로나 개인적으로 불안과 절망에 빠져 있거나 제도적인 기성교회로부터 개인적 안정감이나 종교적 욕구나 친밀한 소속감을 얻지 못할 경우 이단에 쉽게 빠지게 된다. 기존사회나 정통교회에서 극도로 소외되고 갈 바를 알지 못해 아노미(무규범) 상태에 빠진 이들이 거짓 목자에게 미혹되어 헛된 소속감과 환상을 주는 이단을 맹목으로 추종하게 된다. 그래서 역사적 종교적 실존적 위기와 소외가 이단 성행의 온상이 되기도 한다.

다섯째로 말세에 악한 영이 '우는 사자 같이 두루 다니며 삼킬 자를 찾기'(벧전 5:8) 때문에 이단이 더욱 성행하는 것이다. 이단에 빠진 사람들 가운데는 신앙에 열심이었던 사람도 많으며, 학식이 있고 사회적 지위가 높은 사람들도 적지 않다. 그런데도 이단에 빠지는 것은 악한 영에 미혹되어 영적 분별력을 상실하였기 때문이다.

바울은 "우리의 씨름은 혈과 육에 대한 것이 아니요 정사와 권세와 이 어두움의 세상 주관자들과 하늘에 있는 악의 영들에게 대함이라"(엡 6:12)고 하였다. 그래서 이단이 근절되지 않는 것이다. 이단과의 투쟁은 거짓 세력과의 투쟁이요 공중권세 잡은 자들을 대항하는 것이므로 세상 끝날까지 계속되는 영적 전쟁이라고 할 수 있다.

2장

이단 기독교의 교리적 특징

0 1

주 요 교 단 의 이 단 및 사 이 비 정 의

1) 한국교회의 주요 이단

그동안 한국교회에는 무수한 이단이 등장하였다. 기독교
이단종파연구소에서 1998년 조사한 이단은 모두 90개이다.
2004년 한국기독교총연합회 이단사이비대책위원회가 발간
한 『이단사이비종합자료 2004』에는 한기총과 가맹 교단에서
이단 또는 사이비 등으로 규정한 27곳에 대한 연구보고서를
요약 소개하고 있는데 그 내용은 다음과 같다.[1]

---

1) 한기총 이단사이비상담소, 『이단사이비종합자료 2004』(서울: 한국교회문
   화사, 2004). 목차 참고.

■ 외국에서 들어온 이단

여호와의 증인(왕국회관: Charles Russell), 말일성도예수그리
스도의 교회(몰몬교: Joseph Smith), 제7일안식일예수재림교
(Ellen G. White), 지방교회(회복교회: Witness Lee); 신사도
운동(피터 와그너), 뜨레스 디아스(TD), 빈야드운동.

■ 국내에서 자생적으로 생겨난 이단들

세계평화통일가정연합(통일교: 문선명), 기독교복음선교원(애
천교회: 국제크리스찬연합: 정명석), 한국천부교전도관부흥협
회(박태선), 영생교(승리제단; 조희성); 대성교회(현 평강제
일교회: 박윤식), 구원파(기독교복음침례회의 유병언, 권신찬,
대한예수교침례회의 이요한, 대한예수교침례회 기쁜소식선교
회의 박옥수), 다미선교회(이장림), 엘리야복음선교원(현 한
농복구회: 박명호), 성락교회파(베뢰아아카데미: 김기동), 레
마선교회(이명범), 한국예루살렘교회(땅끝예수전도단: 이초
석), 신천지예수교증거장막성전(이만희),세계복음화다락방전
도협회(류광수), 만민중앙성결교회(이재록), 안상홍증인회
(하나님의교회 세계복음선교협회: 안상홍; 장길자), 할렐루야

기도원(김계화).[2]

이 외에도 주요 교단의 이단 결의에 관한 자료를 현대종교(www.hdjongkyo.co.kr)의 '교단결의'에서 확인할 수 있다.

2) 예장 합동과 한기총의 이단, 사이비 정의

한국기독교총연합은 제15-5차 임원회(2004.8.27)에서 이단, 사이비, 이단성을 다음과 같이 규정하였다.[3]

이　단 : 이단이란 본질적으로 교리적인 문제로서, 성경과 역사적 정통교회가 믿는 교리를 변질시키고 바꾼 '다른 복음'을 말한다.

사이비 : 사이비란 이단적 사상에 뿌리를 두고 반사회적, 반윤리

---

2) 정동섭, "신흥종교 교주 및 신도들에 대한 심리학적 분석", 「교회와 신앙」 2013년 05월 29일

3) 김영무·김구철, 『이단과 사이비』(서울: 아가페문화사, 2004), 19.

적 행위를 하는 유사 기독교를 말한다.

이단성 : '사이비'란 용어를 이단성이 있음을 나타내는 '정도의 측
면'에서 사용한 경우는 '이단성' 등의 용어로 대치할 수
있다.

한편 대한예수교장로회(합동)는 제100회(2015) 총회에서
총회 신학부가 총회의 '이단 사이비 규정 지침서'에 따라 '이단
과 사이비와 이단성 분류에 대한 총회적 입장정리'를 보고하
였는데, 그 내용은 한기총의 정의와 비슷하며 이를 요약하면
다음과 같다.[4]

1. 이단(Heresy)의 정의 : 이단은 "성경과 역사적 정통교회가
믿는 교리를 변질시키고 바꾼 다른 복음을 말한다." 그러므로
이단이란 첫째 성경을 왜곡하고, 둘째 역사적 정통교회가 믿
는 교리를 왜곡하여 가르치는 집단을 말한다.

2. 사이비(Cult)의 정의 : 사이비는 대한예수교장로회 총회의

---

4) "'이단'과 '사이비'를 분류하는 방법을 알아 봤더니", 「교회와 신앙」 2015년 11
월 16일.

이단 사이비 규정 지침서가 규정한대로 "이단적 사상에 뿌리를 두고 반사회적, 반윤리적 행위를 하는 유사 기독교를 말한다." 이 정의에 의하면 사이비는 신학적으로는 이단적인 사상의 토대를 가지고 있으며 생활 영역에서는 반사회적이며 반윤리적인 집단들을 지칭한다.

3. 이단성의 정의 : 이단성은 "이단적 사이비적 요소가 많아 '정도의 측면'에서 사용할 경우 이단성이라는 용어로 대체할 수 있다." 그러므로 이단성이라고 함은 이단적이며 사이비적인 요소가 클 경우 이단성이라고 한다.5)

3) 예장 통합의 이단, 사이비 정의

대한예수교장로회(통합) 총회의 경우 1915년부터 2016년까지 86번에 걸쳐 이단 – 사이비 관련 단체나 개인에 대하여 결의를 하였다.6)

---

5) 위의 글.
6) 대한예수교장로회총회 외 편, 『종합 이단–사이비연구보고집』(서울: 한국장로교출판사, 2011), 목차 참고.

성경에는 '이단'이라는 용어는 등장하지만, 사이비, 사이비성이라는 용어는 등장하지 않는다. 그러나 한국교회는 이단과 사이비를 구분하여 왔다. 예장 통합의 경우 68회 총회(1983)에서 '사이비성'이라는 용어가 사용되었다. 그리고 82회 총회(1997)에 제출된 "이단, 사이비, 사이비성의 개념"에 관한 연구보고서에는 이종성, 신성종, 이수영의 견해를 소개한 후 다음과 같이 이단, 사이비, 사이비성을 규정하였다.

"기독교의 기본교리 하나에 문제가 있다 하더라도 그것이 다른 교리에 영향을 끼쳐 기본교리를 훼손하게 된다면 '이단'이라 규정할 수 있고, 이단이라고 할 수는 없지만 이단과 다름없이 그 폐해가 매우 큰 경우에 '사이비'라 하고, '사이비'보다는 덜하지만 교류나 참여금지 등 규제가 필요한 경우에 '사이비성'이라는 용어를 적용하는 것이 좋을 것으로 사료된다."[7]

예장 통합에서는 '기독교의 기본교리'를 이단 규정의 기준

7) 대한예수교장로회총회 외 편, 『종합 사이비-이단연구보고집』 (서울: 한국장로교출판사, 2001), 219.

으로 제시하였지만 그 구체적인 내용을 따로 정하지 않았다. 그렇다면 이 기본교리가 무엇인가 하는 명시적인 규정은 보이지 않는다. 다만 제76회 총회(1991)에서 이단을 규정하는 기준을 아래와 같이 채택하였다.

"본 교단의 교리의 표준인 신구약 성경, 세계보편교회의 신조인 니케야 콘스탄티노플 신조(AD 381)와 칼케돈 신조(AD 451) 및 세계개혁교회 신앙고백전통과 대한예수교장로회 총회의 신앙고백을 연구의 기준으로 삼았다."[8]

이와 관련하여 대한예수교장로회 총회(통합)의 신앙고백서(1986)에는 10가지 주제 즉, 성경, 하나님, 예수 그리스도, 성령, 인간, 구원, 교회, 국가, 선교, 종말로 구성 되어 있다.[9] 그러나 이 10가지 내용을 전통과 이단을 구분하는 교리적 지

---

8) 정행업, "신학적 측면에서 본 이단 사이비", 『이단-사이비대책역대세미나』 (서울: 대한예수교장로회총회 이단-사이비문제상담소, 2004), 21-22.

9) 총회 헌법개정위원회 편, 『대한예수교 장로회 헌법』 (서울: 대한예수교장로회 출판국, 1992), 151 이하.

침으로 제시한 것은 아니다.

기독교의 기본교리를 훼손하여 야기된 그 폐해의 정도에 따라 이단과 사이비와 사이성이 규정된다고 하였으나, 폐해 정도를 객관적으로 규정하는 엄밀한 기준 역시 제시되어 있지 않아 실제로 이를 적용하는 것이 어려운 일이기도 하다.

따라서 이단, 사이비를 규정하기 위한 용어와 방법론적인 기준이 새롭게 마련되어야 한다는 것을 당시 예장 통합 이단 사이비대책위원회의 전문위원이었던 저자가 발제한 "이단사이비 규정의 기준 –신앙의 다양성과 이단성 및 일치의 공동분모"(2006)[10]라는 논문에서 아래와 같이 제안한 바 있다.[11] 그 내용의 일부를 수정하여 재정리하면 다음과 같다.

첫째로 예장 통합 총회는 이단, 사이비, 사이비성으로 구분하였고, 한기총과 예장 합동은 이단, 사이비, 이단성으로 구분하였다. 따라서 한국교회가 일반적으로 사용하는 모든 개념을

---

10) 허호익, "이단사이비 규정의 기준 – 신앙의 다양성과 이단성 및 일치의 공동 분모", 『제2회 지역별 이단-사이비 대책세미나』(서울: 대한예수교장로회 총회 이단-사이비상담소, 2006), 24-53.

11) 위의 글, 35-38.

통합하여 이단과 이단성, 사이비와 사이비성으로 세분하여야 한다.

둘째로 보편적인 교회가 정통적으로 공인하는 기독교 신앙의 '기본 교리'를 구체적으로 명시하여야 한다. 기본 교리가 명시되어야 이를 기준으로 정통과 이단을 명확하게 규정할 수 있기 때문이다. 따라서, 이 책 1장 5절 "WCC헌장과 일치의 공통분모"에서 이미 설명한 것처럼, '사도신경에 고백된 내용과 WCC 헌장'에 명시된 내용을 종합하여 성부, 성자, 성령, 삼위일체, 성경, 교회, 구원에 대한 전통적인 가르침을 기독교 신앙의 기본 교리로 명시할 것을 제안한다.

셋째로 이러한 일곱 가지 기본교리가 명시된다면 이 기준에 따라 이 기본교리 중 하나라도 부정하거나 현저하게 왜곡하여 이를 공개적으로 가르치고 지키며 그러한 이단적 교리를 추종하는 파당을 만들 경우 분명히 이단으로 규정될 수 있는 객관적 표식이 될 수 있다.

넷째로 파당을 만들지는 않았지만 개인적으로 일곱 가지 기본교리 중 하나라도 부정하거나 현저하게 왜곡하여 가르칠 경우 '이단'이라기보다는 '이단성'으로 규정할 수도 있을 것이다. 이단과 이단성을 파당적 주장이냐 개인적 주장이냐로 가름할 수 있기 때문이다.

다섯째로 일곱 가지 기본적 교리 외에 이러한 기본적 교리에 부수되는 주요한 교리 중 일부가 지나치게 반사회적이고 비윤리적일 경우 사이비로 규정할 수 있다.

여섯째로 반사회적이고 비윤리적인 교리를 집단으로 주장할 경우 '사이비'이고, 개인적으로 주장할 경우 '사이비성'이라고 할 수 있다.

당시 저자가 제안한 내용이 일부 수정되어 "이단 사이비 정의와 표준 지침에 관한 연구보고서"(2008)가 마련되었고, 예장 통합 총회에 결의됨으로써 예장 통합의 공식적인 입장이 되었다.[12] 길지만 그 전문을 인용하면 다음과 같다.

우리말 성경에 등장하는 '이단(異端)'이란 용어는 분파 또는 파당(Hairesis)을 뜻하는 희랍어의 번역이다. 이단의 단(端)은 '바르다, 옳다, 진실하다'의 뜻이므로 이단은 '시작은 같지만 끝에 가

---

12) 대한예수교장로회총회 외 편, 『종합 이단-사이비 연구보고집』(서울: 한국 장로교출판사, 2011), 284 이하.

서 다르다'는 뜻은 아니다. 이단은 처음부터 바르지 않은 거짓된 사설(邪說)을 의미한다.

사이비(似而非)이라는 용어는 성경에는 없는 단어이다. 사이비는 '유사한 것 같지만 아닌 것'을 뜻하므로 단지 비윤리적인 것만을 의미하지 않는다. 이단과 사이비는 둘 다 성서적 용어로는 거짓 가르침, 거짓 교훈, 거짓 예언 등에 해당하는 것이기 때문이다.

우리 교단에서는 이단과 사이비를 둘 다 거짓된 가르침을 뜻하는 용어로 사용해 왔고 그 정도가 심한 것은 이단이고 덜한 것은 사이비로 규정하여 왔다. 그러나 이단과 사이비, 이단성과 사이비성에 대해서는 명확한 개념 구분이 제시되지 않았다. 따라서 이러한 여러 성서적 용어와 한국교회가 사용해 온 개념과 우리 교단의 이단 사이비 규정 사례를 종합하여 다음과 같이 이단과 사이비, 이단성과 사이비성 등을 규정 할 수 있는 표준 지침을 제시한다.

이 단 : 파당을 이루어 기독교신앙의 기본교리요 일치의 공통분
       모인, 하나님, 예수 그리스도, 성령, 삼위일체, 성경, 교

회, 구원에 대한 신앙 중 어느 하나라도 부인하거나 현저히 왜곡하여 가르치는 경우.

이단성 : 개인적으로 위의 기독교신앙의 기본교리의 어느 하나라도 부인하거나 현저히 왜곡하여 가르치는 경우.

사이비 : 파당을 이루어 기독교신앙의 기본교리에 부수되는 주요한 교리를 부인하거나 현저히 왜곡하여 가르치는 경우.

사이비성 : 개인적으로 기독교신앙의 기본교리에 부수되는 주요한 교리를 부인하거나 현저히 왜곡하여 가르치는 경우.

비성경적(비기독교적) 설교와 가르침: 기독교 신앙의 기본 교리나 주요교리는 아니지만 비성경적이고 비기독교적인 주장을 통해 신앙적 혼란을 일으킨 경우

부적절한 설교와 가르침 : 그 외에 신학적으로 문제가 되는 가르침으로 교회 내에 물의를 일으킨 경우

참여 금지 : 집회나 교육프로그램이 성서적으로나 목회적으로 문제점과 부작용이 현저할 경우

이단사이비옹호언론 : 이단 사이비로 규정된 개인이나 집단의 주장을 옹호 홍보하거나 관련 광고를 게재하는 경우

예장통합에서는 '이단 및 사이비'와 '이단성 및 사이비성'을 구분하는 기준을 파당이냐 개인이냐에 초점을 두었다. 왜냐하면 이단이라는 성서 원어(hairesis)의 의미에는 '파당'이라는 뜻이 포함되어 있기 때문이다. 그래서 '이단은 파당을 이루어 기독교의 기본교리인 하나님, 예수 그리스도, 성령, 삼위일체, 성경, 교회, 구원에 대한 신앙 중 어느 하나라도 부인하거나 현저히 왜곡하여 가르치는 경우'로 규정하였다.

그리고 사이비에 관해서는 "이단과 사이비를 둘 다 거짓된 가르침을 뜻하는 용어로 사용해 왔고 그 정도가 심한 것은 이단이고 덜한 것은 사이비로 규정"하여 왔고 "사이비는 '유사한 것 같지만 아닌 것'을 뜻하므로 단지 비윤리적인 것만을 의미하지 않는다. 이단과 사이비는 둘 다 성서적 개념으로는 거짓 가르침, 거짓 교훈, 거짓 예언 등에 해당하는 것이기 때문"에 '이 기본 교리에 부수되는 주요한 교리 중 어느 하나라도 현저하게 왜곡하여 가르치는 경우'로 규정하였다. 그러나 기본적인 교리에 부수된 주요한 교리가 반사회적이고 비윤리적인 경우를 사이비로 규정해야 할 것이다.

반면에 예장합동과 한기총에서는 이단과 사이비와 이단성

에 대한 개념 정의가 예장 통합처럼 구체적이지 않다는 평가를 받고 있다.13) 이단에 관해서는 '첫째 성경을 왜곡하고, 둘째 역사적 정통교회가 믿는 교리를 왜곡하여 가르치는 집단'이라고 하였는데 너무 포괄적인 개념이라서 구체적으로 적용할 경우 애매모호하다. 사이비에 관해서도 "이단적 사상에 뿌리를 두고 반사회적, 반윤리적 행위를 하는 유사 기독교를 말한다"고 하였는데, 그 초점이 거짓된 교리에 있지 않고 '반사회적 반윤리적 행위'에 두고 있다. 이 책 제1장 2절 "정통, 이단, 사이비의 정의"에서도 언급하였지만, '반사회적이고 반윤리적인 행위'가 아니라, '반사회적이고 반윤리적인 교리'로 물의를 일으키는 것을 사이비로 규정해야 하기 때문이다.

사이비라는 용어 자체도 이미 '진리인 것 같으나 진리가 아닌 사교邪敎'라는 의미이다. 정통교회에 속하는 성직자나 성도들도 비윤리적이고 반사회적인 범죄를 저지르는 경우가 많기 때문이다. 따라서 사이비는 윤리적인 도덕적 기준이 아니라 종교적 교리적 기준으로 판단하여야 한다. 이런 차이점에 대

---

13) 김영무 – 김구철, 『이단과 사이비』, 19.

한 「교회와 신앙」의 평가를 들어 보자

　예장통합은 예장합동보다 훨씬 세분화 했다. 예장통합은 '파당'을 이루느냐 아니면 '개인적'인 것이냐에 따라 구분하기도 했다. 파당을 이룬 경우 '이단, 사이비'라 하고, 개인적인 경우 '성'을 붙여 '이단성, 사이비성'이라 했다. 전반적으로 '성경적, 교리적 정도의 차이'에 집중하면서 '사이비'에 대한 정의도 그 범주에서 정의했다.

반면, 예장합동과 옛 한기총은 '사이비'를 '반사회적 반윤리적 행위'에 방점을 두고 있어 예장통합과 현격한 차이를 보인다. 또, 예장합동은 '집단'에 대해 '이단, 사이비'를 논했을 뿐, '개인적'인 것에 대해서는 언급하지 않았다. 그리고 '성'을 붙이는 것도 '정도의 측면'에서 사용하여 예장통합과 다른 입장을 취했다. 그러나 예장합동이 '집단'을 명시한 것이 이단 사이비 규정에 '개인' 배제를 전제로 한 것인지는 명확하지 않다.[14]

---

14) " '이단'과 '사이비'를 분류하는 방법을 알아 봤더니", 「교회와 신앙」 2015년 11월 16일.

물론 대부분의 이단들은 이단인 동시에 사이비인 경우가 허다하다. 때로는 신학적, 윤리적, 목회적 문제들을 동시다발적으로 야기하기도 한다. 따라서 이러한 명확한 세부 규정이 있어야 '기본교리의 훼손과 그 폐해의 정도'를 가늠하는 기준을 마련할 수 있다. 그리고 기독교 신앙의 다양성과 일치성을 동시에 담보할 수 있을 것이기 때문이다.

0 2

이 단 기 독 교 의 교 리 적 특 징 과 사 례

앞에서 살펴 본 것처럼 예장 통합의 경우 "파당을 이루어 기독교신앙의 기본교리요 일치의 공통분모인, 하나님, 예수 그리스도, 성령, 삼위일체, 성경, 교회, 구원에 대한 신앙 중 어느 하나라도 부인하거나 현저히 왜곡하여 가르치는 경우" 를 이단으로 규정하였다. 따라서 예정 통합의 '이단 사이비 연구보고'를 중심으로 그 사례를 살펴보려고 한다.[15)]

한국의 이단을 크게 둘로 나누면 교주를 신격화하는 이단

---

15) 2절의 내용은 저자의 글 "이단사이비 규정의 기준 -신앙의 다양성과 이단성 및 일치의 공통분모"(『제2회 지역별 이단 사이비 대책세미나』, 38-53)를 보완 재정리한 것이다

과 교주를 신격화하지 않는 이단으로 나눌 수 있다. 교주를 말씀의 하나님, 재림예수, 보혜사 성령 등으로 신격화하는 대표적인 이단은 통일교(문선명), 천부교(박태선), 신천지(이만희), 하나님의교회(안상홍과 장길자), JMS(정명석) 등이 있다. 교주를 신격화하는 이단에 대해서는 그래도 그 이단성을 쉽게 분별할 수 있지만, 교주를 신격화하지 않는 이단에 대해서는 일반인들이 그 이단성을 분별하기가 쉽지 않다.

교주를 신격화하지 않는 이단으로는 다락방(류광수), 구원파(박옥수), 큰믿음교회(변승우) 그리고 여호와 증인, 안식교 등이 있는데, 이러한 이단들의 공통점은 교회론적 이단과 구원론적 이단이라는 공통점을 가지고 있다. 자기들만이 참된 교회라 주장하면서 공교회公教會를 부정하는 배타적인 교회론과 예수를 믿어도 구원을 받을 수 없다고 주장하면서 구원을 받을 수 있는 자신들만의 방식을 가르치는 배타적인 구원론을 공통적으로 가지고 있다.

물론 교주를 신격화하든 하지 않든 모든 이단의 공통점은 이러한 자기들만 참된 교회이고 자기들만 구원을 받는다는 배타적 교회론과 배타적 구원론을 가지고 있다는 점이다.

1) 신론적 이단

정통적인 신론은 "전능하사 천지를 지으신 아버지 하나님을 믿는다"는 사도신경에 근거해 있다. 예장 통합의 신조에 따르면 "하나님은 한분이시니 오직 그에게만 경배할 것이다. 하나님은 신이시니 스스로 계시고, 아니 계신 곳이 없으시며, 다른 신과 모든 물질과 구별되며, 그의 존재와 지혜와 권능과 거룩하심과 공의와 인자하심과 사랑하심이 무한하시며 무궁하시며 변치 아니하신다"라고 하였다. 따라서 특정 인간인 교주를 어떤 의미로든 하나님인 것처럼 주장하면 신론적 이단임에 분명하다.

구약의 하나님과 신약의 하나님과 말세시대의 하나님이 다른 하나님이라고 주장하는 것도 교회사적으로 보아 구약의 창조주 하나님과 신약의 아버지 하나님을 다른 신이라고 주장한 로마교회의 말시온 장로의 영지주의적 주장처럼 하나님은 한분 이시라는 신앙을 부정하는 신론적 이단이다.

— 노광공은 신도들로부터 여호와 이레(二來), 이레 할아버지,

이레신명(神明), 심판주, 창조주, 재림주로 신격화되었다.16)

— 박태선은 1980년 초부터 자신이 이 땅 위에 오신 5798세 된 새 하나님이라고 주장하였다. 1985년부터는 예수나 성령이라는 용어도 제거하고 자파의 교명을 천부교회로 바꾸었다.17)

— 영생교의 교주 조희성은 자신을 전지전능하신 하나님이요 천지개벽의 주인공으로 죽지 않는 영생의 세계를 이 땅에 이루실 분이라고 주장하였으나 2004년 12월 19일에 사망하여 김포공원묘지에 묻혔다.

— 박윤식(대성교회, 현 평강제일교회)은 자신이 지리산에서 3년 6개월 동안 기도하다가 비밀 말씀을 받았다고 하여 자신을 말씀의 아버지라 한다.18)

— 통일교(세계평화통일가정연합)에서는 문선명과 한학자 부

---

16) 『종합 사이비-이단연구보고집』(2001), 27.

17) 탁명환, 『기독교이단연구』(서울: 도서출판 연구사, 1989), 183.; 여전히 공식 홈피(www.chunbukyo.or.kr/)에는 "하나님께서 인간을 구원하기 위해 인간의 몸으로 이 세상에 오셔서 천부교를 세웠다"고 주장한다.

18) 『종합 사이비-이단연구보고집』(2001), 105.

부를 참부모라 주장하고 참 부모가 곧 참 하나님이라고 한다. 문선명은 1967년부터 매년 1월 1일 '참 하나님의 날'을 지켜오며 2006년부터 '하나님 왕권 즉위식'을 겸하여 지켜오고 있다. 영계의 하나님은 여호와이지만 이 지상과 육계에서 참 하나님이요 하나님 왕권을 가진 자는 문선명이라는 주장하다가 2013년 9월 3일 사망하였다.

— 이만희(신천지예수교 증거장막성전)는 자신이 직통 계시를 받은 말씀의 아버지라고 한다.

— 안상홍(하나님의교회)은 하나님 아버지요, 장길자는 하나님 어머니라 한다.[19] "새 예루살렘의 이름과 나의 새 이름을 그이 위에 기록하리라"(계 3:12)를 제멋대로 해석하여 구약의 하나님의 이름은 여호와이고 신약의 하나님의 새 이름은 예수이고 지금 말세 때의 하나님의 새 이름은 육신을 입고 이 땅에 온 보혜사 성령 하나님 안상홍이라고 주장한다. 그는 1982년 2월 25일 사망했는데도 공식 홈페이지에는 승천한 것으로 기록되어 있다.

---

19) 『종합 이단-사이비연구보고집』(2011), 218.

이외에도 탁지원은 그동안 한국교회에는 스스로 하나님이라고 자처한 자가 20여명이나 된다고 한다.[20] 이처럼 교주를 하나님이라는 주장하면 무조건 신론적 이단에 해당한다.

2) 기독론적 이단

정통적인 기독론은 예수 그리스도가 하나님이고 구세주이시며, 그의 동정녀 탄생과 십자가의 고난과 대속적 죽음과 육체적 부활을 가르친다. 그리고 예수를 "나의 주님이시요 나의 하나님이시니이다"(요 20:28)라고 고백하였다. 따라서 "예수 그리스도께서 육체로 오심을 부인하는 자"(요2서 1:7)와 "아버지와 아들을 부인하는 자"(요1서 2:22)를 '적그리스도'라고 하였다.

그런데 스스로를 메시야 구세주 또는 재림 예수라고 주장하거나, 예수의 신성을 강조하고 인성을 약화시킨 가현설이나 인성을 강조하고 신성을 약화시킨 양자설을 주장하면 명백

---

20) 탁지원, "현 시대에 나타난 이단과 대처방안", 『이단사이비대책 역대세미나』, (서울: 대한예수교총회 이단–사이비문제상담소, 2004), 314.

한 이단으로 규정된다.

한국에는 자칭 재림예수가 50여명 내외가 된다고 한다. 문선명(통일교), 유재열(장막성전), 조희성(영생교), 이만희(신천지), 안상홍(하나님의교회), 구인회(재림예수교회), 김풍일(실로등대중앙교회), 정명석(기독교복음선교회) 등이다. 심지어 여자 재림예수를 주장하기도 한다. 일제시대의 유명화를 예수의 친림親臨이라 주장한 원산파가 있었고, 지금도 자칭 재림 예수라고 주장하는 심계화나 예수왕권세계선교회(심재웅)은 심화실을 여성 재림 예수라 주장한다.

재림예수가 동방, 해 돋는 곳 한국에 온다는 주장도 기독론적 이단에 속한다.

— 박태선(천부교)에 대한 별칭은 참으로 다양하다. '영모님(靈母任)', '감람나무', '동방의 의인', '이긴자', '이슬성신', '참 구세주'라고 하였다. 그리고 또 1980년 1월 1일부터는 자신이 이 땅에 오신 '새 하나님'이라고 선언했다.[21]

---

21) 『종합 사이비–이단연구보고집』 (2001), 25.

— 박윤식은 예수께서 이 땅에서 죽으신 것은 하나님의 영이 아니기 때문이라 함으로써 예수의 신성을 부인하는 기독론적 오류를 범하고 있다.[22]

— 김기동은 예수님의 생애는 신의 생애가 아니고 사람의 생애인데 오히려 예수님을 신이라고 하면 이단이라고 하여 이단자 에비온파처럼 신성을 부정한다.[23]

— 이재록(만민중앙교회)은 자신을 "원죄도 자범죄도 없는 깨끗한 피를 가졌기에 죽음이 피해간다"고 주장하고 자신을 예수님과 동일시하였다.

— 안상홍(하나님의교회)은 자신을 재림예수이며 보혜사 성령이라고 주장한다. 다윗의 재위 기간이 40년인데 예수님은 공생애가 3년 밖에 되지 않으므로 다윗의 위에 대한 예언이 성취되려면 나머지 37년의 기간을 채워야 할 재림 예수가 와야하는데 그것을 채운 자가 안상홍이라는 것이다.[24]

— 이만희는 예수님의 성육신뿐만 아니라 예수의 신성도 부인한

22) 위의 책, 105.
23) 위의 책, 131.
24) 『종합 이단-사이비연구보고집』(2011), 217.

다. 예수는 육신을 입고 오신 하나님이 아니라 성령이 인간 예수의 육체에 임하심으로 하나님의 아들이 되었다고 한다 (『하늘에서 온 책의 비밀 계시록의 진상 2』 p.40).[25]

— 정명석은 "기독교에서는 예수님께서 공중으로부터 육신으로 구름을 타고 오신다고 믿고 고대하고 있으나 사실은 엘리야의 영이 세례요한에게 재림하고, 모세의 영이 예수님에게 재림하듯 재림주는 부활승천 하였던 예수님이 육신으로 다시 오시는 것이 아니고 기독교인 가운데서 시대적 중심인물을 선택하여 그에게 예수님이 영으로 재림하여 협조하므로 재림 예수의 사명을 다하게 하신다는 것이다"라고 한다. "정명석 자신이 바로 이 시대에 보냄을 받은 자"이며 "자신은 앉아서도 영계를 돌아다닐 수 있다"고 주장한다.[26]

— 여성을 재림예수라 주장하기도 한다. 일제시대의 유명화를 예수의 친림(親臨)이라 주장한 원산파가 있었다. 지금도 심계실은 스스로 재림예수라 주장하고, 예수왕권세계선교회(심재웅)는 심화실을 여성 재림 예수라 주장한다.

---

25) 『종합 사이비–이단연구보고집』 (2001), 177.
26) 『종합 이단–사이비연구보고집』 (2011),134.

— 박태선은 "해 돋는 곳"(사 41:25)은 동방의 극동을 가리키므로 중국, 일본, 한국이 포함되지만, "섬들아 잠잠하라"(사 46:1)했으니 섬나라 일본은 아니고, "내가 너를 모퉁이에서 부르고"(사 41:9)라고 했으니 대륙의 중심인 중국이 아니라 그 모퉁이인 한국이라는 것이다. 그리고 "북방에서 오게 하며"(사 41:25)라고 했으니 박태선이 그의 고향인 북한의 합천 덕천에서 월남하였으니 북방에서 온 '동방의 의인'이라고 해석한 것이다.[27]

— 통일교 박태선은 동방나라는 한중일 삼국인데, 일본은 천황을 숭배해 온 나라이고 중국은 공산화되었기 때문에 "이 두 나라는 모두 「사탄」편 국가"이므로, "예수님이 재림하실 동방의 나라는 바로 대한민국"[28]이라고 한다.

이외에도 탁지원은 그동안 한국에서 자칭 메시야 또는 재림 예수로 자처한 자가 50여명이라고 한다.[29] 이처럼 교주를

---

27) 탁명환, 『기독교이단연구』, 87.
28) 세계기독교통일신령협회 편, 『원리강론』, 499.
29) 『종합 사이비−이단연구보고집』(2001), 131.

메시아나 재림 예수라고 주장하면 무조건 기독론적 이단에 해당한다.

3) 성령론적 이단

정통적인 성령론은 사도신경에 따라 "성령을 믿습니다"라고 고백한다. 성령은 하나님의 영이요, 그리스도의 영이요, 성결의 영이다. 성령은 삼위일체 하나님의 한 위로서 하나님과 동등한 존경과 경배의 대상이다. 그러므로 말세에 보혜사 성령이 육신을 입고 이 땅에 오셨다고 주장하는 것은 이미 170년 경 몬타누스가 처음으로 주장한 이단적 교리이다.[30] 몬타누스는 구약시대에 영으로만 존재하던 말씀Logos이 신약 때에 육신이 되어 이 땅에 오신 분이 예수이듯이, 자신이 바로 예수께서 보내겠다고 약속하신 보혜사 성령Parakletos이 육신을 입고 이 땅이 온 것이라고 주장한 바 있다.

성령의 불가시적 사역을 지나치게 가시적인 사역으로 왜

---

30) 허호익, 『신앙, 성서, 교회를 위한 기독교 신학』, 58-59.

곡하는 것 역시 이단으로 규정된다.

— 이만희(신천지)는 자신의 저서 『감추인 비밀 요한계시록의
실상』 표지에 '보혜사 이만희 저'라고 적어 놓았다. 자신이 육
으로 오신 보혜사라고 주장하였으나 보혜사 성령은 하나님의
영, 그리스도 영, 거룩한 영이므로 육적인 양태로 존재할 없다.
— 하나님의교회(안상홍)는 구약시대의 하나님은 여호와이고
신약시대의 하나님은 예수이듯이 성령시대의 하나님의 새 이
름은 안상홍이므로 안상홍을 성령 하나님이라고 주장한
다.31)
— 이삭교회는 교주 유재열을 하나님이 보내신 보혜사 성령이라
고 믿는다. 이는 한국판 몬타누스적 이단의 정형적인 사례라
할 수 있다.32)
— 김풍일이 주장하는 '또 다른 보혜사론'에 의하면, 또 다른 보
혜사는 사람이므로(『생명나무』 p. 331), 자신을 또 다른 보
혜사라고 주장한다.33)

---

31) 『종합 이단-사이비연구보고집』 (2011), 217.
32) 탁명환, 『기독교이단연구』, 349.

— '동방의 의인이요 참 구세주요 감람나무라 자처한 박태선은 성령을 물 붓듯 부어주는 권능이 있어 자신이 안찰하면 죄 때문에 생긴 병이 치유된다고 주장하였다.[34]

— 김기동은 구약성경에 나오는 "하나님의 신, 하나님이 보내신 영들은 천사들을 말하는 것이지 성령이 아닙니다"고 가르치고 오순절에 성령이 임하신 사실도 '성령이 임하면 권능을 받고' 라는 말이 '천사를 얻고' 라는 말과 동격이라고 하여 모든 부분에서 천사일뿐이지 성령은 허수아비와 같다고 하여 성령의 존재와 신성을 부정한다.[35]

— 김계화 씨는 자기가 환자의 환부에 손을 대면 손에서 불이 나가, 살이 찢어져 상처가 나고, 그 자리를 통하여 소위 암 덩어리가 녹아 나오게 하여 이를 끄집어내는 것을 '성령수술' 이라고 한다. 그러나 모든 환자가 그러한 방식으로 치료되는 것도 아니므로 속임수를 사용한다는 비난을 받고 있다. 무엇보다도 성경을 상고해 볼 때 성령은 이런 방식으로 고치신 사례가

---

33) 『종합 이단-사이비연구보고집』 (2011), 326
34) 『종합 사이비-이단연구보고집』 (2001), 25.
35) 위의 책, 131.

없으며 성령의 외과적인 수술을 주장하는 것은 성령론의 현
저한 왜곡이다.36)

— 빈야드 운동은 거룩한 웃음, 떨림, 쓰러짐, 짐승 소리 등의 비
성경적인 현상을 성령의 은사라라고 주장한다.37)

4) 삼위일체론적 이단

삼위일체라는 말이 성서에 없지만 성서는 성부, 성자, 성
령이 한 하나님이라는 것을 증거한다. 무엇보다 예수의 지상
명령에 의하면 "아버지와 아들과 성령의 이름으로 세례를 베
풀라"(마 20:28)고 하였다. 따라서 성부와 성자와 성령이 동등
한 신성과 권위를 가지고 세례를 통해 죄사함과 구원을 약속
하시고 베푸시는 분임이 분명하다. 그리고 성서는 하나님도
말씀하시고, 예수도 말씀하시고, 하나님의 영이며 그리스도
의 영이신(롬 8:9) 성령께서도 일곱 교회에 말씀(계 2:7 등)하
시는 인격적인 존재인 것을 증거한다. 이외에도 무수한 성서

---

36) 위의 책, 158, 161.
37) 위의 책, 189.

의 증거에 따라 교회는 삼위일체를 기독교 신앙의 기본 교리 받아들이고 있다. 이는 사도신경과 WCC 헌장에도 명시되어 있다.

따라서 성부, 성자, 성령이 한 분이라는 전통적인 삼위일체론을 자체를 부인하거나, 일체성을 강조하여 삼위성을 부인하는 종속설을 주장하거나, 삼위성을 강조하여 일체성을 부인하는 양태론을 주장하거나, 삼위three persons를 세 보좌 three chairs로 여겨 비인격인 것으로 왜곡하는 경우 이단에 해당한다.

종속설Subordinationism은 성부와 성자와 성령의 동등성을 부정하고 신성과 권능과 영광에 있어서 성부와 성자와 성령은 본질적으로 차등이 있다는 주장이다. 아리우스Arius처럼 성부와 성자와 성령의 동일 본질을 부정하면 결국은 성자는 성부에 종속되고 성령은 성부와 성자에 종속되므로 초기교회에서 이단으로 정죄되었다.

양태론Modalism은 신성은 단일근원에서 나오기 때문에 단일 신성이 성부와 성자와 성령이라는 세 가지 양태model로 나타나고 사역한다는 단일신론을 말한다. 조부자祖父子 관계에서는 '나'는 나의 아버지의 '아들'이고, 나의 아들의 '아버지'의 역할도 하지만 본래의 나는 '한 사람'이라고 할 수 있다. 그러나 '하나님 아버지'와 '하나님의 아들'은 별개의 인격적 존재이다. 그러나 성경은 '하나님 아버지와 하나님의 아들'과 성령을 별개의 인격체로 묘사한다. 따라서 한 분이신 하나님이 세 가지 가면persona을 쓰듯이 세 가지 역할을 한다는 사베리우스 Sabelius 등의 주장은 새로운 형태의 가현설로서 고대 교회에서 이단으로 정죄되었다.

— 정명석(JMS)은 "성부, 성자, 성신은 각위로서 하나가 아니다. 삼위가 일체라면 하나님이 마리아 뱃속에 들어갔다는 말인가?"라고 하여 삼위일체론을 부인하고 "삼위는 아버지(성부), 어머니(성신), 아들(성자)로 인간의 가족관계와 같다"고 왜곡한다.[38]

— 윗트니스 리는 구약에서의 하나님에게는 신성만 있었으나, 성육신의 과정을 통과하여 '사람과 함께한 하나님' 즉 '하나님

---

[38] 『종합 이단-사이비연구보고집』 (2011), 233.

-사람'이 되었다가 부활을 통하여 인성을 포함한 영으로 변형되므로써 "하나님의 세 인격은 세 영들이 아닌 하나의 영"(『하나님의 경륜』, p.16)으로 세 인격이 한 영 안에 있는 '삼일(三一)하나님'이 되었다고 한다. 39)이는 성부, 성자, 성령 하나님의 독자적 인격성을 부인하고 한 하나님이 세 양태로 존재한다는 양태론적 이단이다.

— 원세호는 "삼위일체론에서 삼위란 곧 천국에 세 보좌를 가리키는 말이다"라고 주장하여 삼위일체론의 인격성을 부인한다.

— 이초석은 성부와 성자와 성령의 이름이 예수 (『길을 찾아라 첩경은 있다』 p. 25)라고 하여 삼위일체 신관을 부정하는 양태론에 빠져 있다.40)

— 이만희(신천지)는 삼위일체(三位一體)를 한자 풀이로 해석하여 '한 몸(體)이 세 보좌(位)에 앉는 것'이라 하여 육신으로 온 보혜사 이만희가 천국보좌에서 하나님의 자리와 재림 예수의 자리에 앉는 것이 삼위일체라고 왜곡한다.

---

39) 『종합 사이비-이단연구보고집』 (2001), 123.
40) 위의 책, 118.

― 이만희는 구약의 아브라함과 이삭과 야곱을 삼위일체에 비유하여 "성령이신 성부(아브라함)는 성자 예수(이삭)를 낳았고 성령이신 예수(이삭)는 성자 보혜사(야곱)를 낳으셨으니 이것이 삼위이다"(『하늘에서 온 책의 비밀 계시록의 진상 2』 p.37)라고 하는데, 이는 성령이 예수와 하나 되신 후에 다시 그 성령과 하나 된 예수의 영이 지상의 사명자 육체에 임함으로 삼위일체가 이루어지는 것이 된다는 말이다(『천국비밀 계시록의 진상』 p.306).[41]

― 문선명(통일교)는 영적 삼위일체는 하나님을 중심으로 영적 부모와 예수의 성령으로 구성되고, 육적 삼위일체는 하나님을 중심으로 아담과 하와로 구성된다고 한다.[42]

― 하나님의교회는 삼위일체를 물(H_2O)의 유비로 즉, "물, 얼음, 수증기 이 세 가지 형태는 모양과 이름이 각각 다르지만 그것을 구성하고 있는 근본요소는 똑같이 물이라는 공통점이 있는 것"으로 해석한다. 그리고 "라디오의 모노 드라마Mono Dra ma와 같이 방송국의 성우 한 사람이 아버지, 아들, 손자

---

41) 위의 책, 178.
42) 위의 책, 55.

세 사람의 음성으로 극을 엮어 가는 것과 같다"고 한다. 이는 전형적인 양태론적 삼위일체이다.[43]

5) 성경론 및 계시론적 이단

"신구약 성경은 하나님의 말씀이니 신앙과 행위에 대하여 유일무이한 법칙"(예장 통합 신조 1)으로 고백한다. 그러므로 교주의 경전이나 저서를 성경 이상으로 절대시 하거나, 성경의 66권 전체 보다 요한계시록 등 일부 내용만 절대시하거나, 짝풀이, 실상풀이 영해靈解라는 명분으로 성경을 자의적이고 우의적(알레고리)이고 주술적으로 해석하는 방대한 체계를 구축하여 장기간 집중적으로 세뇌 교육을 하는 것은 명백히 성서적 이단에 해당한다. 그리고 육과 영, 구약과 신약, 율법과 복음 등을 극단적으로 대립시키거나, 성경의 일부 비본질적인 내용을 문자적으로 해석하고 절대적이고 본질적인 의미를 부여하는 것도 성서적 이단의 경향이 있다.

---

43) 김주철, 『내 양은 내 음성을 듣나니』(안양: 멜기세덱 출판사, 2008), 141-142.

무엇보다도 많은 이단들은 직통계시를 주장한다. "이 성경에 대하여 어느 때를 막론하고 성령의 새로운 계시로서나, 인간의 전통으로 더 첨가 할 수 없다"(웨스트민스터신앙고백 1장 6항)하였다. 성경이 완결된 후에는 어떤 형태의 직통 계시나 특별 계시가 불필요하다는 뜻이다. 직통계시를 주장하는 것은 성경의 신적 권위와 성경의 완결성, 충족성, 최종성을 부정하는 것이기 때문에 성경론적, 계시론적 이단에 해당한다.

— 박태선은 자신을 새 하나님이라 주장하고 성경까지 없애라고 명령하였다.[44]

— 안식교에서는 말세의 참 교회의 특징은 예언의 은사를 가진다고 주장하는데 바로 엘렌 지 화이트야말로 그 '예언의 신의 은사'를 받은 선지자로서 그가 받았다는 계시가 말세의 백성들에게 주신 하나님의 지시라고 한다. 안식교는 성경 계시 외에 다른 특별 계시를 주장한다.(『제칠일 안식일 예수 재림교 기본교리 27』pp.204-211, 156-157)[45]

---

44) 위의 책, 26.
45) 위의 책, 175.

— 통일교는 문선명이 계시를 받아 기록한『원리강론』을 성경과
    동일한 진리로 여김으로 성경의 권위를 인정하지 않고 있
    다.[46) 최근에는 문선명의 연설집인『평화훈경』을 읽고 훈독
    하는 것으로 설교를 대신한다.

— 박윤식은 지리산에서 3년 6개월 동안 기도하다가 비밀 말씀
    을 받은 자신이 '말씀의 아버지'라고 한다. 따라서 자신의 설
    교는 지리산에서 받은 계시이므로 그 비밀은 주석에도 없다
    고 한다.[47)

— 이장림(다미선교회)는 1992년 10월 휴거설을 주장하기 위
    해, '어린 종'들을 중심으로 한 40여 명의 아이들이 받은 '직통
    계시'를 성경의 계시보다 상위의 계시로 본다.[48) 그러나 이
    들이 받았다는 직통계시는 허위로 드러났다.

— 심재웅(예수왕권세계선교회)은 우리나라 성경은 25-30%
    가 오역된 것이다. 또한 생명이 없는 상태로 성경을 보아야
    아무 소용이 없다. 그러므로 성경을 알려고 들면 안 된다. 해

---

46) 위의 책, 52-53, 55, 59.
47) 위의 책, 105.
48) 위의 책, 113.

석해서도 안 되고 가르쳐서도 안 된다. 이것은 마귀의 수법이라고 주장 하였다.

그리고 성경을 알면 알수록 하나님과 멀어진다. 대신에 자신이 만든 교안은 그가 생각해서 쓴 게 아니라 주님이 이렇게 쓰라 해서 썼다고 주장한다. 이 교안의 결론장은 하나님이 주셨다고 한다.[49]

— 이만희는 마태복음 24장과 요한계시록만 새 언약이며(『하늘에서 온 책의 비밀 계시록의 진상 2』 p.522), 신약과 구약은 무효라고 한다(『영원한 복음 새 노래 계시록 완전 해설』 p. 27).[50]

— 이만희(신천지)는 직통계시를 주장하며, 사도요한은 새 예루살렘을 환상으로 보았지만 자신만이 6,000년 동안 감추인 천국의 비밀의 실상을 보았다고 한다. 그의 저서 『천국 비밀 계시』나 『천국비밀 계시록의 실상 』의 머리말에도 이 두 책이 모두 계시 받은 내용을 기록한 것이라는 것을 구체적으로 명시하고 있다.

---

49) 『종합 이단-사이비연구보고집』 (2011), 245.
50) 『종합 사이비-이단연구보고집』 (2001), 177

— 이만희는 자신이 "증거하는 이 책은 약 2,000년전 사도 요한
이 밧모섬에서 계시로 본 장래사가 오늘날 실상으로 응한 것
을 보고 들은 대로 진술한 것"이며, "성경 66권을 기록한 선지
자들 같이 필자도 오직 살아계신 주님의 성령과 천사들로부
터 보고 듣고 지시에 따라 증거한 것이므로 이 증거는 참이며
진실이다"라고 한다.[51]

— 류광수(다락방전도협회)는 2,000년 동안 감추인 복음의 비
밀을 직통 계시를 통해 깨달았다고 한다.

— 김계화는 자기 안에 하나님의 말씀이 있기 때문에(『꺼지지
않는 불』, p.222) '말'이 아닌 '말씀'을 선포한다고 하는데
(p.31), 김씨의 입에서 나간 말이 말씀이 되어 암환자를 고치
며(pp. 107~108) 참외와 수박을 썩게 하는 능력을 나타낸
다고 한다(p.83, p.222).[52]

— 변승우(큰믿음교회)는 자신의 저서 여러 곳에서 성령이 직접

51) 이만희 보혜사, 『천국비밀 계시』 (안양: 도서출판 신천지, 연도 미상), 3-4.;
이만희, 『천국비밀 계시록의 실상』 (안양: 도서출판 신천지, 연도 미상),
3-4. 두 책의 머리말은 거의 같은 내용이다.

52) 위의 책, 159.

자신에게 책을 저술하라든지 또 어떠어떠한 내용으로 설교하라고 지시한다고 강조한다. "하나님께로부터 듣지 않으면 설교하지 않습니다! 이것이 제 설교의 좌우명입니다"(『계시와 지혜의 영』 p. 9)[53] 자신이 사도들과 똑같은 영감을 받았으며 따라서 자신의 성경해석이나 설교는 하나님이 직접 말씀하시는 것과 같다는 식으로 암시한다. 심지어 자신이 성경을 바로 해석하는 "다림줄"을 갖고 있다는 주장을 펼치기도 한다.[54]

— 이만희는 시내산은 '시내 계(溪)'자가 들어 있는 청계산이라고 하고, 과일나무와 네게의 강이 있는 에덴은 '과일 과' 내 천'를 뜻하는 과천(果川)이라고 영적으로 해석하고, 청계산 아래 과천시에 있는 신천지 본부가 동방의 새 에덴이라고 풀이한다.[55]

대부분의 이단들은 교주의 직접 계시를 주장하고 있으며

---

53) 『종합 이단-사이비연구보고집』 (2011), 309.
54) 위의 책, 310.
55) 김보영, "신천지의 진실게임", 「현대종교」 2007년 10월호, 42-44.

이는 성경의 권위를 부정하는 것이다. 이들의 직통 계시의 내용이 허위로 드러나는 사례가 너무나 빈번하기 때문이다. 그리고 계시 받았다고 주장하는 교주의 착각이거나 교만일 경우가 많다. 이단들은 성경을 자의적으로 풀이하는 교묘하고 방대한 체계를 가지고 있으며, 그 내용을 수개월에 걸쳐 집중적으로 교육함으로써 교리적 세뇌와 영적 미혹에 이르게 한다.

그러나 성경은 이러한 거짓된 자의적 해석을 금하여 "성경의 모든 예언은 사사로이 풀 것이 아니며"(벧후 1:20)라고 했으며 성경을 "억지로 풀다가 스스로 멸망에 이르느니라"(벧후 3:16)고 하였다.

6) 교회론적 이단

신약성서에는 가정교회(home church)와 지역교회(local church) 외에도 이 땅에 흩어져 있는 모든 교회를 지칭하는 온 유대와 갈릴리와 사마리아 교회(행 14:23), 온 교회(행 15:22), 이방인의 모든 교회(롬 16:4), 모든 교회(고후 11:28; 계 2:23), 여러 교회(고후 11:8), 각 교회(행 14: 23), 각처 각 교회(고전

4:17)라는 표현이 등장한다.

신약성서에 나오는 가정 교회는 작은 무리들이 모인 예배처일 것이다. 이 가정 교회들이 점차 성장하여 지역 교회가 되고 여러 지역에 교회가 세워지면서 온 교회, 모든 교회, 여러 교회를 지칭하는 '거룩한 공교회'라는 개념으로 발전하게 된 것이다. 이 공교회catholic church를 보편적 교회universal church라고도 한다. 사도신경에 고백된 '거룩한 공교회와 성도의 교제'에 대한 신앙은 이러한 보편적 교회에 대한 신앙이다.

그리고 콘스탄티노플신조(381)에도 "하나의 거룩하고 보편적이며 사도적인 교회를 믿는다"는 신앙고백이 포함되어 있다. 이 말은 사도신경(사도성)을 고백하는 이 땅에 흩어져 있는 모든 교회는 역사와 전통, 교리와 제도, 예전과 의식이 서로 다양하지만(보편성), 거룩한 교회(거룩성)이며, 하나의 교회(일치성)이라는 것이다.

대부분의 이단들은 교주를 신격화하지 않을 지라도 정통적인 기성교회의 교리와 제도와 목회자들을 무조건 비판하고 따라서 기성교회는 구원이 없으며 자기들 교회만 참된 교회라는 배타적 교회론을 주장한다. 신앙의 비본질적인 것들을 본질적인 것으로 주장하며 자기들과 다른 교회는 모두 마귀의 집단이라고 정죄하고 '거룩한 공교회의 화합일치와 성도들 간의 교제'를 거부하고 분열과 파당을 획책한다. 따라서 기성교회의 제직회나 당회, 노회나 총회 같은 민주적 의사결정 기구가 제도화 되어 있지 않다. 그러나 성서에는 예루살렘 교회에서 사도와 장로와 온 교회가 모여 회의한(행 15:22) 총회가 있었고, '장로의 회'(딤전 4:14)와 같은 당회가 있었다.

— 박태선은 '기성교회는 마귀의 전당이니 구원이 없고 전도관에만 구원이 있다고 하였다.56)

— 여호와증인은 교회를 대체하는 공동체로서 '왕국회관'을 조직하였다.57)

— 위트니스 리(Witness Lee)는 기성교회를 바벨론 음녀라고 하며, 기성교회 목사와 예배등 대부분의 제도를 부정한다.58)

— 권신찬은 복음과 종교를 구별하면서 종교는 죽은 것이요 복

---

56) 『종합 사이비-이단연구보고집』 (2001), 24.

56) 『종합 사이비-이단연구보고집』 (2001), 24.
57) 위의 책, 49-60.
58) 위의 책, 125.

2장_ 이단 기독교의 교리적 특징 | 129

음은 살리는 것인데, 기성교회는 종교요 자신들만이 복음이라고 주장함으로서 정통적인 교회를 부정하는 오류를 범하고 있다.[59]

— 이만희(신천지)는 기성교회는 "거짓 목자들이요, 거짓 선지자들이며, 마귀의 교단들"이며, '신천지 예수교 증거장막성전'만이 진리의 성읍이며 신천지에 가야만 천국이 보인다고 한다.

— 류광수(다락방전도협회)는 한국의 기성교회는 정통 복음을 전해 받지 못해 율법에 빠져 있는 짝퉁 기독교이며, '다락방전도가 없는 정통교회의 98%는 마귀에게 사로잡혀 있다"고 왜곡한다.

— 이재록은 1998년 7월 3일 자신의 "만민중앙교회에 하나님의 보좌가 내려왔고"(1998.7.5. 주일저녁예배), "2천년 전의 성경에 기록된 인물들이 자기 교회에 나타났다"(1998.7.10. 금요철야집회)고 주장한다. "만민중앙교회에서 예배드릴 때 하늘에서도 천군 천사들이 똑같이 예배드린다"(1998.7.17. 금

---

59) 위의 책, 142.

요철야집회)고 주장하였다.[60]

— 심재웅(예수왕권세계선교회)에 의하면 현재 목사 99.9%가
'먹사'들로서 하나님을 대항하고 있다. 그들은 생명을 얻지 못
한 채로 옛사람의 행위로 목회하므로 하면 할수록 예수께 손
해와 고통을 줄 뿐이다. 그들은 거의 지옥으로 곤두박질친다.
당연히 그들에게 교육을 받은 신자들도 같은 입장에 처한
다.[61]

— 정명석(애천교회)은 "유대교는 영적인 실패자요, 신약시대
는 성령이 실패하였으며 기독교는 영적인 실패자이며 기독교
에는 희망이 없다"고 기성교회를 매도한다.[62]

— 변승우는『지옥에 가는 크리스천들』,『진짜 구원받은 사람도
진짜 버림받을 수 있다』,『하늘에서 온 이메일』등 많은 저서
에서 기성교회를 비판하고 역으로 자신의 교회는 온전한 교
회임을 암시한다. 그는 "크리스천이 지옥에 가며, 구원받은
사람도 버림을 받는다"고 주장하고 나아가 자신을 비판하는

---

60) 위의 책, 238.
61)『종합 이단–사이비연구보고집』(2011), 245.
62) 위의 책, 233.

자들에 대하여 "이단 사냥꾼", "정통의 탈을 쓴 짝퉁 기독교", "바리새파 사람들" 심지어 "영적 기생충"이라고 공격한다.[63]

이처럼 공교회의 보편적 교회론을 부정하는 것은 '하나님의 백성이 그리스도의 지체가 되어 성령의 교제 안에서 하나님의 나라를 이루어 가는 성부 상자 성령 한 하나님의 부르심을 받은' 공교회를 통해 역사하시는 하나님의 구원의 역사를 부정하는 것이므로 결국 하나님을 부정하는 이단이라 할 수 있다.

7) 구원론적 이단

사도신경에는 구원에 관해 하나님과 예수 그리스도와 성령을 믿음으로 죄를 용서 받고 부활과 영생에 참여한다고 고백한다. 그런데 이단들은 한결같이 예수를 믿어도 구원을 받을 수 없으며 구원을 얻기 위해서는 다른 비본질적인 조건, 예

---

63) 위의 책, 308.

를 들면 안식일을 지켜야 한다거나(안식교), 유월절을 지켜야 한다거나(하나님의교회, 안상홍), 직통계시를 받고 144,000명에 들어가야 한다거나(신천지 이만희), 피가름이나 혈통복귀를 해야 한다거나(통일교 문선명), 과거 현재 미래의 죄가 다 사해졌다는 죄사함과 거듭남의 비밀을 깨달은 후 회개하면 구원받지 못한 증거라거나(구원파 박옥수), 그 반대로 믿음이 아니라 행함을 통해 구원을 받는다(큰믿음교회 변승우)고 주장하는 것들은 모두 구원론적인 이단이다.

이 외에도 특정시대에 특정지역의 특정인만 구원을 받는다는 배타적인 구원론과 구원받은 자는 이 땅에서 죽지 않고 영생한다(신천지 이만희)고 주장하는 것 역시 구원론적 이단이다.

온전한 구원은 회개하고 주 예수 그리스도를 구주로 믿고 의지하고 본 받으며, 성령의 감화로 거룩하게 하심과 영원한 영광을 믿는 것이다(예장 통합 신조 9). 따라서 예수의 가르침을 개념적으로 요약하면 "나를 믿으라"(칭의), "나를 따르라"(성화), "나를 기다려라"(영화)는 것이다. 따라서 온전한 구원은 과거에 이미 "마음으로 믿어 얻은"(롬 10:9) 구원(칭의), 현재 "두렵고 떨리는 마음으로 이루어야 할"(빌 2:12) 구원(성화), 그리고 "현재의 고난과 족히 비교할 수 없는 장차 우리에게 나타날 영광"(롬 8:18)을 "소망 중에 기다리는"(롬 13:11) 영원한 구원(영화)이라는 세 차원으로 되어 있다. 구원의 세 요소인 칭의(稱義), 성화(聖化), 영화(榮化) 중 어느 하나를 극단적으로 주장하고 다른 것을 배제하는 것도 구원론의 왜곡이며 구원론적 이단이다.[64]

— 문선명(통일교)은 예수 그리스도의 십자가와 부활을 통한 구원을 부인할 뿐만 아니라 그의 구원 역사는 완성되지 못했다고 주장한다. 피가름을 통한 혈통 복귀를 통해 구원이 이루어진다고 주장한다.[65]

— 이장림(다미선교회)는 1992년 휴거를 부정하는 자는 휴거하지 못하게 되므로 지옥에 가든지 부끄러운 구원을 얻는다 함으로써 휴거신앙이 구원의 조건이 되었는데 이는 예수 그리

---

64) 허호익, "구원론의 통전적 이해", 『현대 조직신학의 이해』 (서울: 대한기독교서회, 2003), 347-348.
65) 『종합 사이비-이단연구보고집』 (2001), 58.

스도만 주시는 정통적인 구원관이 무시되거나 간과되었다(『다가오는 미래 IV권』 p.64.)[66]

— 이초석은 십자가를 믿으면 영생을 얻는다는 말이 성경에 한 군데도 없다고 주장하고 구원이란 인간을 억누르고 있는 귀신의 세력으로부터 자유함을 입는 것이며, 바로 이 일을 위하여 예수 그리스도께서 오셨다고 가르친다. 따라서 믿음으로 구원을 얻는다는 이신득의의 신앙을 부인한다.[67]

— 권신찬 등의 구원파는 회개를 계속하는 것은 구원받지 못한 증거라고 한다. 구원받은 자들은 회개할 필요가 없고 이미 과거, 현재, 미래의 죄를 다 사했으므로 회개를 계속한다는 것은 사죄의 확신이 없는 증거이므로 구원받지 못한 지옥의 자식이라고 한다. 그래서 주기도문도 외우지 않고 회개기도도 하지 않는다. 이들은 구원을 위한 단회적 회개(히 6:1 이하)와 성화를 위한 반복적인 회개를 구별하지 못하며(시 51편, 삼하 24:10, 마 6:12, 요일 1:8-9), 죄에 대한 참된 통회와 회개는 믿음에서 온다는 것을 모르는 자들이다.[68]

---

66) 위의 책, 114.
67) 위의 책, 119.

— 안상홍의 하나님의교회에서는 생명책(계 13:8과 20:12)이 자기들에게만 있다고 주장한다. 하나님의교회에 등록하면 그 이름이 생명책에 기록되고 이들에게만 구원이 있다고 주장한다.[69]

— 이만희는 예수를 믿음으로써 구원을 얻는 것이 아니라 사도 요한적인 사명자인 이만희를 만나야 한다고 하며(『하늘에서 온 책의 비밀 계시록의 진상 2』 p. 52), 사도 요한적인 사명자 (보혜사)의 말씀을 듣고 지켜야만 영생에 이른다(p. 537)고 한다.[70]

— 이만희는 예수는 영계의 12제자를 세웠지만 자신은 육계의 12지파를 세웠는데, 이 12지파에 속해야 구원을 얻는다고 주장한다.[71] 그러나 이만희가 세운 12지파는 다음과 같은 신천지 12교구의 별칭에 지나지 않는다. 그런데 이 지역들도 수시로 바뀌고 있다. 신천지 등록교인 144,000명이 차게 되면

68) 위의 책, 141.
69) 『종합 이단-사이비연구보고집』(2011), 219.
70) 『종합 사이비-이단연구보고집』(2001), 177.
71) 정윤석 외 공저, 『신천지 포교전략과 이만희 신격화 교리』(서울: 교회와신앙, 2007), 45.

이들이 청계산 아래서 12지파를 통해 이 지구를 영원히 다스리며 천년만년 살게 된다고 가르친다.

— 류광수(다락방전도협회)는 예수를 믿어도 구원을 얻지 못하고 재영접하여야 구원을 얻는다고 한다.

— 안상홍(하나님의교회)은 안식일뿐만 아니라 유월절을 지켜야 구원을 얻는다고 한다.[72]

— 안식교는 '남은 자손'으로서 참 교회요, 로마 가톨릭은 배도(背道)했으며 개신교회는 성서 진리로부터 떠났다고 한다. 그런데 토요일 안식일을 지키지 않고 일요일에 예배하는 것은 하나님의 계명이 아닌 인간의 계명을 따르는 것으로 거짓 예배이기 때문에 하나님이 받는 예배가 될 수 없고, '짐승의 표'를 받은 것이므로 참혹한 심판을 받게 된다고 한다. 따라서 '안식일 준수'는 그들에게 구원의 조건이 되는 것이다.(『제칠일안식일예수재림교 기본교리 27』 pp. 151-161, 238-241, 244).[73]

— 이재록은 마지막 심판 때에 자기가 심판장 되시는 하나님 좌

---

72) 『종합 이단-사이비연구보고집』 (2011), 218.
73) 『종합 사이비-이단연구보고집』 (2001), 175.

편에 앉는다고 말한다. 하나님 우편에는 예수님이 앉으시고 자기는 좌편에 앉아 "심판 날에 주님 옆에서 성도들을 위해 변호해 줄 것"이라고 선포하면서, "자신과 연결되어 있는 사람들은 새 예루살렘에 들어가 살 수 있다고 주장하였다" (1998. 7. 17. 금요철야예배).[74]

— 구원파의 권신찬의 경우 정통교회의 제도와 예배형식, 주일 성수, 십일조, 새벽기도, 축도 등을 무시하거나 부정한다. 그는 복음과 종교를 구별하면서 종교는 죽은 것이요 복음은 살리는 것인데 기성교회는 종교요 자신들만이 복음이라고 주장한다.(권신찬, 『종교에서의 해방』, p.1-3)[75]

— 심재웅(예수왕권세계선교회)은 믿고 구원 받았다 해도 생명의 성령의 법에 따른 약속이 없었다면 죄성을 해결할 수 없다. 그러나 생명을 받은 자는 절대로 죄를 짓지 못한다. 생명을 받으려면 심재웅에게 성경교육을 받아야 한다. 생명은 심재웅의 전하는 말을 그저 입 벌리고 받아먹는 것이라고 가르친다.[76]

---

74) 위의 책, 239.
75) 위의 책, 142.

— 박윤식은 하와가 뱀과 성관계를 맺어 가인을 낳았다고 함으로 통일교와 같은 성적 타락론을 주장한다. 특히 타락 후에 인간에게 월경이 생겼다고 하며 이 월경하는 여인의 입장에서 탈출하는 것이 구원이라고 한다.[77]

— 변승우(큰믿음교회)는 『지옥에 가는 크리스찬들』, 『진짜 구원받은 사람도 진짜 버림받을 수 있다』란 저서들을 통해 예수를 믿어도 지옥에 갈 수 있다고 주장한다. 그는 하나님의 은혜로 믿음으로 구원받는다는 성경의 주장과(엡2: 8) 정통 교회의 주장과 달리 행위로 구원을 받는다고 강조한다. "예수를 믿고 입으로 고백하면 구원받는다는 것은 본래 이단 사설이다."(변승우 설교. "거짓선지자들을 삼가라" 2006.5.26.)는 것이다. 그리고 "마치 십자가를 신뢰하기만 하면 죄에서 돌아서는 회개나 행함이 따르는 참 믿음이나 예수님 안에서 선한 일을 위하여 새로 지음 받는 거듭남이 없이도 죄 용서 받고 천국에 갈 수 있는 양 가르치고, 자신들만이 정통인 것처럼 착각하고 있는 사람들이 많습니다"(변승우, 『주 달려 죽은 십

---

76) 『종합 이단–사이비연구보고집』(2011), 246

77) 『종합 사이비–이단연구보고집』(2001), 105.

자가』, p.59)라고 주장하였다. 예수 그리스도를 믿는 믿음 이외에도 회개와 선한 일을 행해야 한다고 한다. 은혜로 말미암아 믿음으로 얻는 구원을 반대하고 행위와 공덕에 의한 구원을 강조하는 행위 구원론을 주장한다.[78]

구원파(박옥수)는 죄사함의 비밀을 깨달으며 모든 죄가 소멸되어 완전한 의인이 된다는 반율법적이고 율법폐기적인 왜곡된 칭의론稱義論에 근거하여 회개기도는 스스로 죄인인 것을 인정하는 것이므로 회개기도마저 금하고 있다.

이와 정반대로 큰믿음교회(변승우)는 "예수를 믿고 입으로 고백하는 것은 본래 이단 사설"이며 진정한 회개와 선한 생활을 하는 큰 믿음이 있어야 구원을 받는다는 율법주의적 공로주의라는 왜곡된 성화론聖化論을 주장한다.

이와 달리 다미선교회(이장림)는 임박한 종말을 사모하고 예비하여 휴거에 참여하는 자들만이 영생에 참여한다는 왜곡된 시한부 종말론적 영화론榮化論에 빠져 일상생활과 학업과

---

78)『종합 이단–사이비연구보고집』(2011), 311.

사업조차 포기하는 반사회적인 일탈을 부추긴다.

"죄에게서 해방되어 의에게 종이 되었느니라… 그러나 이 제는 너희가 죄에게서 해방되고 하나님께 종이 되어 거룩함에 이르는 열매를 얻었으니 이 마지막은 영생이라"(롬 6:19)는 말씀처럼 구원에 관한 성서의 가르침은 믿음으로 의롭게 되고, 의의 열매인 거룩한 삶을 살고, 그리고 마지막으로 신령한 몸으로 부활하여 영생을 누리며 하나님의 영광에 참여하는 영화에 이르는 것이기 때문이다. 이처럼 성서가 가르치는 구원은 칭의, 성화, 영화를 포함하는 통전적인 성격을 지닌다.

0 3

사 이 비 기 독 교 의 교 리 적 특 징

1장 2절에서 다룬 것처럼 일반적으로 비윤리적이고 반사
회적인 행동을 하는 종교를 사이비 종교라고 하기 때문에 '사
이비'를 윤리적인 의미로 판단하는 경우가 많다. 그러나 정통
교회에 속하는 성직자나 신자들이 비윤리적이고 반사회적인
범죄를 저지르는 경우에는 엄밀한 의미에서 사이비가 아니라
윤리적 일탈이라고 보아야 한다. 왜냐하면 사이비라는 용어
자체도 이미 '진리인 것 같으나 진리가 아닌 거짓된 가르침(邪
敎)'이라는 종교적 의미를 지니고 있기 때문이다. 따라서 사이
비는 교리를 어기고 일탈적 행위를 한 것에 대한 윤리적, 도덕
적 판단이 아니라, 반사회적이고 비윤리적 행위 자체를 정당

화하는 거짓된 교리를 기준으로 판단하여야 한다.

물론 비윤리적이고 반사회적인 행동 자체도 문제가 되지만 그러한 행동의 근거를 교묘하게 교리체계로 만들어 종교적 역기능을 수행하는 경우에 한하여 사이비 또는 사교라고 규정하여야 할 것이다. 이단과 관련하여 사이비를 논할 경우 사이비는 윤리적 선악의 문제가 되기도 하지만 본질적으로 교리적인 진위眞僞의 문제가 되기 때문이다.

예장 통합의 경우 사이비는 "파당을 이루어 기독교 신앙의 기본교리(신론, 기독론, 성령론, 삼위일체론, 성경론, 교회론, 구원론)에 부수되는 주요한 교리를 부인하거나 현저히 왜곡하여 가르치는 경우"라고 하였다.

이처럼 교리 자체가 비윤리적이고 반사회적인 대표적인 사이비 교리에 해당하는 것은 시한부 종말론, 원죄를 사탄과 하와의 성관계로 보는 성적 타락론, 무분별한 치유사역, 영리사업과 물질적 구원론이라 할 수 있다. 그동안 한국교회에 등장한 대표적인 사례를 살펴보면 다음과 같다.

1) 시한부 종말론

성서는 이 세계의 종말을 가르치지만 그 시기와 장소를 구체적으로 명시하지 않았으며, 그 시기와 장소를 명시하여 가르치는 것을 시한부 종말론이라 할 수 있다. 교회사적으로 보면 일찍이 170년 경 몬타누스가 자신이 죽는 때에 하늘의 새 예루살렘이 자신들의 공동체에 임한다고 주장하였으나 거짓으로 드러났다. 한국교회도 여러 이단, 사이비 집단에서 종말신앙을 극단적으로 강조하였고 이장림의 다미선교회의 경우 임박한 종말과 휴거를 여러 차례 주장하면서, 생업과 학업을 중단하는 반사회적인 모습으로 사회적 물의를 빚기도 하였다.

특히 재림 주님은 한국으로 오시며 만인이 한국을 신앙의 종주국으로 알고 찾아오게 된다는 한국 재림장소론은 새주교 김성도가 처음으로 주장하였다.[79] 한국을 재림의 장소로 국한하여 주장하는 것 역시 종말신앙을 왜곡하는 것이 된다.

---

79) 정석천, "어려울 때 모신 영광," 『소명하신 길을 따라』 (서울: 세계기독교통일신령협회 역사편찬위원회, 1986), 200.

— 김성도는 1923년 음력 4월 2일 입신하여 예수와 나눈 대화 속에 "주님은 육신을 쓰고 한국으로 오신다"는 등의 음성을 들었다고 한다.[80] 이러한 재림 예수 한국도래설은 나운몽과 박태선과 문선명 등 많은 이단들에 의해 주장되어 왔다.

— 박태선은 자신이 '동방의 의인'이라고 주장하였다. "해 돋는 곳으로부터"(사 41:25)라고 했으니 해 돋는 곳은 동방이다. 동방은 극동을 가리키므로 중국, 일본, 한국이 포함되지만, "섬들아 잠잠하라"(사 46:1)했으니 섬나라 일본은 아니고, "내가 너를 모퉁이에서 부르고"(사 41:9)라고 했으니 대륙의 중심인 중국이 아니라 그 모퉁이인 한국이라는 것이다.[81]

— 나운몽은 한 걸음 더 나아가서 단군신화와 시내산 사건의 유사성을 주장하고 우리 민족의 단군은 바벨탑 붕괴 후 동쪽으로 이동하여 정착한 아브라함 혈통의 단 지파의 후예라고 주장하였다.[82]

---

80) 「史報」№ 157호, 76.: 이영호, "새주파와 신비주의자들," 「현대종교」 200년 4월호, 22-23. 재인용.
81) 탁명환, 『기독교이단연구』, 87.
82) 나운몽, 『동방의 한 나라』 상권(서울: 애향숙, 1975), 55.

― 신천지의 이만희는 1984년 3월 14일 자신을 따르는 세력을 규합해 '신천지 예수교 증거 장막성전'을 설립하였는데, 이 날을 신천지가 시작된 새 언약의 날이라고 한다.

― 통일교 문선명 집단은 2001년 '하나님 왕권즉위식'을 거행한 후 새 천년왕국인 천일국(天一國)시대의 개문을 선포하였다. 천일국 5년이 되는 2006년에는 천정궁(天正宮)[83]을 완성하여 입궁식을 겸하여 '천지인(天地人) 참 부모님', '천주(天宙) 평화의 왕' 대관식을 거행하고 '천일국 창국선언문'를 선포하였다.

― 이장림은 1992년 10월 28일 휴거를 주장하여 불발하였고 1999년 12월 31일 휴거한다는 시한부종말론을 다시 주장하였으나 휴거가 이루어지지 않자 다미선교회를 해체하였다. 성경은 명백하게 예수님의 재림 시기는 아버지 외에 모른다고 하고 있는데(마 24:36, 25:13, 막 13:35~37 등), 그는 이것을 부인하며 재림의 시기를 알아야 하며 그렇지 않으면 적그리스도라는 암시를 하였다.[84]

---

83) 음국배, 『통일교 그 베일을 벗다』 (서울: 자유문고, 2008), 18-19.
84) 『종합 사이비-이단연구보고집』 (2001), 118-119.

— 이재록은 "하나님께서 내게 재림을 알려 주셨다. …휴거 될 것을 알려 주셨다"고 주장하고[85] 마지막 심판 때에 자기가 심판장 되시는 하나님 좌편에 앉는다고 말한다. 하나님 우편에는 예수님이 앉으시고 자기는 좌편에 앉아 "심판 날에 주님 옆에서 성도들을 위해 변호해 줄 것"이라고 선포하면서, "자신과 연결되어 있는 사람들은 새 예루살렘에 들어가 살 수 있다"고 주장한다.[86]

— 이만희는 신천지 등록 교인이 14만 4천명이 되면, 청계의 계는 시내 계(溪)자이므로 동방의 시내산인 청계산 아래 과천의 '신천지 예수교 장막성전'에서 종말사건이 완성되어 하늘의 새 예루살렘이 임한다고 한다.[87]

— 안상홍증인회(현 하나님의교회)는 서울 올림픽이 개최되던 1988년에 주의 강림의 시한으로 정했으나 거짓으로 드러났다.[88]

---

85) 위의 책, 239.
86) 위의 책, 239.
87) 위의 책, 178-179.
88) 『종합 이단-사이비연구보고집』(2011), 219.

170년 경 몬타누스 이래로 특정한 시간을 정하여 재림을 주장한 이들이 무수하게 등장하여 혹세무민하였지만 그들이 주장한 시한부 종말이 그대로 이루어 진 적은 한 번도 없었다.

2) 성적 타락론

성적인 모티브에 따라 하와와 사탄이 성행위를 한 것과 인류가 타락했으며 이로써 사탄의 피를 가지게 되었고 구원이 이 피를 바꾸는 것과 관련된 것으로 교리화 하거나 이런 근거로 실제적으로나 의식적으로 성적 문란을 자행하는 경우는 분명히 사이비에 해당한다.

뱀의 유혹을 받고 하와가 선악과를 따 먹었다는 창세기 기사에서 '유혹'과 '따먹다'라는 우리말 단어는 성적 뉘앙스를 함축하고 있다. 이런 배경에서 선악과 사건을 타락한 천사와 하와 사이의 성관계로 해석하고 그로인해 유전된 사탄의 피를 성혈聖血로 바꾸어 한다는 소위 '피가름(또는 피갈음) 교리'가 유독 한국교회에서 다양하게 전승되어 오고 있는데, 이를 최초로 주장한 이는 '새 주교'의 교주인 김성도 권사이다.[89]

이러한 주장이 황국주, 백남주, 김백문, 문선명(통일교), 박태선(전도관), 정득은, 변찬린, 정명석(JMS), 박윤식(대성교회), 박명호(한농복구회)로 이어지면서 한국 사이비 계보상의 가장 큰 획을 이어왔다.[90]

정득은은 삼각산 대성심수도원을 세우고 자신을 영모, 대성모大聖母라 부르며 자신은 죄 없는 깨끗한 몸이므로 "나와 영체합일이 되지 않으면 구원받지 못한다"는 소위 피가름 교리를 주장하고 실천하였다고 한다.

— 박태선은 여성을 안찰한다는 명분으로 소위 섹스안찰이라는 성추행을 서슴지 않았다. 탁명환은 박태선으로부터 섹스안찰 추행을 당한 여신도가 약 183명으로 알려졌다고 한다.[91]

— 통일교는 아담의 타락과 인간의 원죄를 성적인 행음으로만 해석하고, 예수 그리스도의 십자가를 통한 구원 대신 참부모

---

89) 허호익, "'새 주교'의 김성도와 이단 기독교의 교리적 계보", 「신학과 문화」 22(2013), 153-180.

90) 허호익, "성적타락론과 '피가름 교리'의 계보", 「현대종교」 2014년 9-12월호.

91) 탁명환, 『기독교이단연구』, 183.

인 문선명을 중심으로 한 혈통복귀가 인류구원의 방식이라고 주장한다.[92] 최근 통일교는 초기의 피가름이나 혈대교환의 교리를 '생식기 주인 찾기' 교리로 바꾸었다.[93] 사탄이 하와의 생식기 주인 노릇을 했기 때문에 절대 혈통, 절대사랑, 절대평화가 깨어졌다는 것이다. 따라서 하나님이 짝지어 준 생식기 주인을 바로 찾는 것이 절대 혈통, 절대사랑, 절대평화를 회복하는 길이다. 그러므로 이 땅에서 하나님의 왕권을 가지고 있는 문선명이 짝지어 준 남녀가 축복결혼을 하는 것이 바로 생식기 주인을 찾는 길이라고 한다. 아내의 생식기 주인은 남편이고, 남편의 생식기 주인은 아내이므로 이런 주인의 자리를 확보하기 위해 인간은 결혼을 하는 것이다. 교차교체 축복결혼식 과정에서 부부가 3일간 세 차례의 성교를 통해 성적 타락을 복귀하는 삼일(三日)행사를 통해 성적타락을 복귀하는 의식을 치른다.[94]

---

92) 『종합 사이비-이단연구보고집』(2001), 53, 55.
93) 황선조 편, 『평화훈경-평화메시지와 영계보고서』(서울: 천주평화연합-세계통일평화가정연합, 2007), 130.
94) 황선조 편, 『축복결혼』(서울: 세계평화통일가정연합, 2005), 111-132.

— 박윤식(대성교회)은 하와가 뱀과 성관계를 맺어 가인을 낳았으니 사탄(뱀)이 씨앗을 속인 것이라 '씨앗속임'을 주장한다. 타락 후에 월경이 생겼으므로 월경하는 여인의 입장에서 탈출하는 것이 구원이라 가르친다.[95]

— 정명석은 『비유』에서 선악과를 '치마 속에 감추인 과일'로서 금단의 사랑의 열매 즉, 여성의 성기를 비유하는데 이것을 따먹지 말라는 것은 "하나님적 가치로 성장하기 전에, 완성 전에 사랑의 행위를 하지 말라"는 뜻이라고 풀이한다.[96] 그의 섭리역사론에 따르면 하나님과 인간의 관계가 구약시대에는 종과 주인의 관계의 주종시대이고, 신약시대에는 아버지와 아들 관계의 부자시대이고, 새 섭리시대에는 신랑과 신부 관계의 애인시대라고 한다. "종에서 아들, 아들에서 애인으로 회복되고 복귀되어야 한다"고 주장한다. 정명석과 신도들의 관계가 애인관계가 되어 영으로만 통하지 않고 "몸으로도 통해야 한다"고 주장하고 애천교회를 세운 것이다. 정명석은 여신도에 4명에 대한 강제추행 혐의로 2009년에 징역 10년을

---

95) 『종합 사이비-이단연구보고집』 (2001), 105.
96) 정명석, 『비유론』 (서울: 국제크리스챤연합, 1988), 81.

선고받아 복역 중이다.97)

— 박명호(한농복구회)는 "인류가 색욕에서 빠져나올 수 없기 때문에 자신이 색욕의 함정에 대신 들어가 창녀를 취하고 죄인이 됨으로 인류를 구원한다"98)는 창기십자가 사상을 주장했다고 한다. 2012년 12월 8일 SBS 〈그것이 알고 싶다〉에서 "탐욕인가 희생인가. 창기십자가의 비밀"이 방영되었는데, 다수의 여신도들이 박명호와 성관계를 맺고 있다고 한다. 여신도들이 박씨를 '여보', '신랑', '낭군님'이라고 부르며 "영원토록 원자씨를 낳아드릴게요"라는 노래를 부르는 장면도 방송되었다.99)

3) 무분별한 치유 사역

치유는 그리스도와 사도들의 중요한 사역 중에 하나였다. 예수는 하나님의 능력에 힘입어 오직 말씀으로 병자를 치유하

---

97) "JMS교주 정명석 징역 10년 확정", 「국민일보」 2009. 4. 23.
98) "한농 복구회 박명호 성범죄 증거 제출," 「현대종교」 2012년 12월호, 61.
99) "〈그것이 알고 싶다〉 한농복구회 박명호씨 고발," 「현대종교」 2013년 1월호.

였다. 그러나 이러한 신유를 극단화하거나 왜곡하여 성령의 수술이나 생수의 치료등과 같이 기도 이외의 특수한 주술적 수단과 방법을 사용하는 것은 사이비에 해당한다.

이단들의 이러한 치유는 비성경적일 뿐 아니라 대부분은 검증되지 않은 경우가 허다하다. 불치의 병이 일시적으로 나은 것 같은 기분이 들지만 결국은 치료시기를 놓쳐 사망하는 경우가 대부분이다. 설령 이단집회에서 병이 치유되었다 하더라도 그것이 대수로운 일도 아니다. 그런 정도의 치유는 현대의학이 들어오기 전에 무당들이 더 많이 행한 일이기 때문이다. 애굽의 마술사들도 지팡이를 던져 뱀으로 만드는 요술을 행할 수 있었다(출 7:11)는 것을 기억하고 그러한 사술에 현혹되지 않아야 할 것이다.

— 박태선(천부교)은 요한복음 4:10에 근거하여 자신이 축복한 생수는 만병통치약으로 믿도록 강요하고 이 생수는 병뿐만 아니라 죄를 사하는 데 사용된다고 알려져 있다.[100]

---

100) 『종합 사이비-이단연구보고집』(2001), 26. 특별생수권과 정기생수권을 구분하여 값을 다르게 매기기까지 했다.

— 김계화는 할렐루야기도원 '생수터'에서 나오는 '생수'를 마시
면 병에서 놓임 받고 회개의 영과 복음 전하는 영을 받는다고
한다. 그리고 자기가 환자의 환부에 손을 대면 손에서 불이
나가, 살이 찢어져 상처가 나고, 그 자리를 통하여 소위 암덩
어리가 녹아 나오게 하여 이를 끄집어내는 '성령수술'을 시행
한다.101)

— 이재록은 "어떤 사람들은 (나의) 간증 책만 읽어도 그대로 막
치료 받는다"고 하고, 어떤 사람들은 "사진만 안고 자도 치료
받고, 꿈속에 나타나서 내가 안수해도 치료 받는다"고 주장
한다. 또 "내가 기도한 손수건만 만져도 치료 된다"라고 하였
다.102)

— 이윤호는 육체적 정신적 질병, 가난, 실패, 불임, 유산, 가정불
화, 동성애를 비롯한 성적 문제, 각종 사고, 주술적인 행위,
모든 종류의 중독, 거식과 폭식, 과소비와 낭비벽, 성격장애
등은 가계에 흐르는 저주요 '영적 쓰레기'이므로 이 저주를 저
주기도문으로 끊어야 한다고 왜곡된 내용을 주장한다.103)

---

101) 위의 책, 157-158.
102) 위의 책, 238.

— 변승우(큰믿음교회)는 교계신문 뿐만 아니라 여러 일간지에 "큰믿음교회로 각종 중환자들을 데려오십시오! 지금 엄청난 치유의 기적들이 계속해서 일어나고 있습니다"[104]라고 광고하였다.

그리고 "여러 치유의 기적과 함께 요즘 성형의 기적들이 지속적으로 일어나고 있습니다. 콧대가 높아지고, 큰 코가 작아지고, 삐뚤어진 코가 제자리로 돌아왔습니다. 튀어나온 광대뼈가 들어가고, 초자연적으로 즉각 쌍꺼풀이 생겨났습니다. 목이나 얼굴의 잔주름이 사라지고, V라인 턱 선이 되고, 흉터와 수술자국이 사라졌습니다. 턱살이 빠지고 뱃살들이 순식간에 사라졌습니다. 팔자걸음이 고쳐지고, 오다리가 일자다리가 되고, 굽은 등들이 펴졌습니다. 흰머리가 검은 머리로 변하였습니다"라고 한다.[105]

103)『종합 이단-사이비연구보고집』(2011), 255.

104) 2011년 10월 12일자 〈조선일보〉

105) "큰믿음교회(변승우 목사)에 '성형'의 기름부음이?",「교회와 신앙」2012년 05월 03일.

4) 영리사업과 물질적 구원론

각종 명분으로 헌금을 강요하거나 헌금의 정도를 구원과 관련시켜 가르치거나 교인들의 헌금을 사업에 투자하고 교회가 직접 경영에 참여하여 경제적 이윤을 추구하고 그 결과 물질적 풍요를 교인들과 나누는 것을 영적 구원에 상응하는 물질적 구원이라고 가르치는 경우는 명백히 사이비에 해당한다. 박태선의 신앙촌이나, 통일교나 구원파의 각종 기업경영은 이런 범주에 속한다.

— 박태선(신앙촌, 천부교)은 덕소에 오토바이 공장을 설립하면 집집마다 자가용 1대, 피아노 1대, 전축 1대씩을 주겠다고 호언장담했다. 세 곳에 신앙촌을 세우고 신도들의 노동력과 재산을 착취하여 엄청난 부를 축적했다.106) 그리고 신앙촌의 제품과 더불어 특별생수권과 정기생수권을 구분하고 값을 다르게 매겨 판매하였다.107)

---

106) 『종합 사이비-이단연구보고집』(2001), 24.
107) 위의 책, 25-26. 182. 특별생수는 1통에 20만원 정기생수는 10만원을 받

― 문선명(통일교)은 2001년 통일교 왕국인 천일국(天一國)을 선포하고 통일교 신자들의 7대 사명을 선포하였는데 그 중에 하나는 "하늘로부터 소유권 전환을 받기 위해서는 여러분의 모든 소유권을 일단 하늘 앞에 봉헌하고, 소유권(所有權) 환원식(還元式)을 통해 돌려받는 절차를 거쳐야 한다"[108]는 것이었다. 천일국 백성은 누구나 소유권환원과 더불어 "수입 중 10의 3조를 국가 앞에 먼저 바치고 사는 모범을 보여야 한다"고 역설하였다. [109]

― 유병언(구원파)는 1974년 '삼우트레이딩'이라는 회사를 인수, 교인들의 헌금으로 운영하면서 교인들로부터 "사장"으로 추앙받았다. 1980년대에는 ㈜세모라는 이름으로 스쿠알렌, 컴퓨터, 조선, 유람선 등의 사업에 전념하였다. 오대양 사건과 연관되어 4년을 복역하기도 하였다.

2014년 4월 16일에 침몰한 세월호의 실소유주라는 것이 밝

았다고 한다.

108) 황선조 편, 『평화훈경-평화메시지와 영계보고서』, 90

109) 조성식, "대해부 통일교 왕국", 「신동아」 2006년 9월호, 97. 문선명은 2000년 4월 20일 미국에서 40회 성혼기념식을 갖는 자리에서 "모든 축복가정은 10분의 3을 헌금해야 한다"고 하였다.

혀져 도피중 시체로 발견되었다.

— 박옥수(구원파)는 '또별'이란 암치료제 판매에 개입하여 사회적 물의를 빚기도 하였다. 여러 차례 재판 과정을 거쳐 2014년에는 '200억대 주식사기 의혹'과 '400억대 자본시장과 금융투자법 위반 의혹'으로 피소되어 경찰 조사를 마치고 검찰에 송치되었다.[110]

대부분의 이단들은 이처럼 교인들에게 각종 헌금을 강요하고 그것을 돈을 버는 영리 사업에 투자하지만, 교회의 재정을 노숙자 무료급식이나 각종 복지 시설 운영과 같이 돈 드는 구제사업에 사용하는 경우는 거의 없다.

퇴니스Ferdinand Tönnies가 구분한 것처럼 교회는 이익사회 Gesellschaft가 아니라 공동사회Gemeinschaft이기 때문이다. 이윤을 추구할 경우 신앙의 본래성을 상실하게 되는 것이다.

---

110) "검찰, 또 다른 구원파 박옥수 출국금지", 「교회와 신앙」 2014년 08월 14일.

3장

이단 기독교의 형태적 특징

0 1

이 단 기 독 교 의 형 태 에 관 한 여 러 견 해

　　이단 기독교의 특징에 대해서는 여러 학자들의 여러 견해
가 제시되었다. 그 중 대표적인 것들을 살펴보자. 일찍이 탁명
환은 이단 기독교의 특징을 다음과 같이 설명하였다.

　　1) 시한부적 종말론의 시급한 도래, 2) 그리스도 중심이 아니라
　　자기 중심, 3) 하나님과 직통 계시를 강조-교주의 신격화, 4) 자
　　기들만을 통해서 구원성취-메시아 자처, 5) 현세의 지상천국을
　　주장, 6) 폐쇄지향적, 7) 공통적으로 비윤리 부도덕함[1],

---

1) 탁명환, 『기독교이단연구』(서울: 국제종교문화연구소, 1986), 88-92

이종성은 이단 기독교의 특징을 9가지로 나누어 설명하였다.

1) 교주 신격화이다. 2) 비민주적 독재체제이다(자기집단화). 3) 금품강요이다. 4) 가정파괴이다. 5) 종교의 탈을 쓴 범죄행위. 6) 축복, 저주 내세워 신자들을 미혹, 희생맹종 강요, 탈퇴시 협박. 8) 시한부종말론, 신비체험강조, 예언, 영생불사, 기적, 신병치료 금품강요 등으로 미혹. 9) 재산(부동산, 동산)은 교주가 사유화 한다.[2]

한편 김영한은 사이비 이단의 특징을 다음 9가지로 설명하였다.

1) 자기 종파의 교리를 '새 진리'로 내세움, 2) 성경의 진리를 거부하고 새로운 계시를 내세움, 3) 교주가 자기를 메시야라고 선언, 4) 그리스도의 신성과 인성을 부인 또는 다른 그리스도를

---

2) 이종성, "정통교리와 사이비 이단교리", 『이단사이비대책 역대세미나』 (서울: 대한예수교총회 이단-사이비문제상담소, 2004), 79.

주장, 5) 삼위일체 교리 부인, 6) 혼합주의 성격, 7) 제도적인 교회 부인, 8) 교주의 카리스마적 지도력에 맹목적 복종 요구, 9) 거짓 예언의 선포.[3]

최근 기독교대한 성결교에서는 이단사이비는 10가지 특징을 가지고 있다고 한다.[4]

1) 성경 외에 다른 경전을 가지고 있다. 2) 절대적 진리를 독점한다. 3) 정통교회와 다른 성경 해석법을 사용한다. 4) 정통교회의 권위와 교회적 전통을 부정한다. 5) 혼합주의의 성격이 드러난다. 6) 열광주의나 신비주의에 빠져 있다. 7) 집단적 선민의식을 강조한다. 8) 시한부 종말론을 주장한다. 9) 윤리적/ 도덕인 비행을 저지른다. 10) 교주를 신격화한다.

---

3) 김영한, "사이비 이단과 정통의 표준", 『한국기독교연구논총』 13(1995), 11-20.

4) 이단사이비대책위원회 편, 『이단사이비를 경계하라』 (서울: 기독교대한성결교회 출판부, 2015), 33.

이러한 이단들의 특징에 대해서는 이외에도 여러 학자들의 여러 견해가 제시되었다. 정동섭(1992)은 13가지, 심창섭(1997)의 16가지, 정행업(1997)은 11가지, 탁지원은 13가지 그리고 배경식(2005)은 6가지를 제시하였다.[5) 이들의 여러 주장에 공통되는 것들도 많아 그 자체로 의미가 있겠지만 몇 가지 문제점이 없지 않다.

첫째로 어떤 내용은 엄밀한 의미에서 이단을 규정하는 절대 기준으로서 적절하지 않은 내용도 없지 않다.

둘째로 교리적인 특징과 형태적인 특징이 구분 없이 혼합되어 있다.

셋째로 주관적인 견해를 제시한 것이므로 객관적인 기준이나 방법론적 엄밀성이 부족하다.

따라서 1장에서 이단 기독교의 교리적 특징을 사도신경과 WCC 헌장을 기준으로 하여 7가지 일치의 공통분모가 될 기본 교리로서 "신론, 기독론, 성령론, 삼위일체론, 성경론, 교회

---

5) 허호익, "이단사이비 규정의 기준 — 신앙의 다양성과 이단성 및 일치의 공동분모", 『제2회 지역별 이단-사이비 대책세미나』 (서울: 대한예수교장로회 총회 이단-사이비대책위원회, 2006), 39-40.

론, 구원론"을 제시한 것처럼 2장에서는 베드로후서 2장 1절에서 3절을 기준으로 삼아 이단 기독교의 다섯 가지 형태적인 특징을 살펴보려고 한다.

0 2

성 서 가 말 하 는 이 단 기 독 교 의 형 태 적 특 징

베드로후서 2장 1절에서 3절에는 이단의 형태에 대한 아주
중요한 특징들을 나열하여 제시하고 있다.

그러나 백성 가운데 또한 거짓 선지자들이 일어났었나니 이와
같이 너희 중에도 거짓 선생들이 있으리라. 그들은 멸망하게 할
이단을 가만히 끌어들여 자기들을 사신 주를 부인하고 임박한
멸망을 스스로 취하는 자들이라. 여럿이 그들의 호색하는 것을
따르리니 이로 말미암아 진리의 도가 비방을 받을 것이요. 그들
이 탐심으로써 지어낸 말을 가지고 너희로 이득을 삼으니 그들
의 심판은 옛적부터 지체하지 아니하며 그들의 멸망은 잠들지

아니하느니라(벧후 2:1-3).

위의 분문을 중심으로 성서가 말하는 이단의 형태적인 특징을 5가지를 살펴보려고 한다.

1) 거짓으로 위장하고 세뇌하는 중독집단

"백성 가운데 또한 거짓 선지자들이 일어 났었나니 이와 같이 너희 중에도 거짓 선생들이 있으리라"(벧후 2:1)고 하였다. 따라서 이단 기독교는 거짓으로 위장 교육기관을 만들어 집중적인 세뇌교육을 시키고 각종 위장 단체를 만들어 교육하고 활동하는 것으로 알려졌다.

엄승욱(신천지대책전국연합 총무)은 기자회견자료를 통해 신천지가 전국의 약 500여 무등록 신학원과 복음방 그리고 약 100여 개의 위장교회를 운영하고 있으며, 이들 불법적인 교육기관운영을 통해 비밀리에 이루어지는 불법 개종교육과 비밀 세뇌교육은 국민의 기본권인 신앙선택의 자유를 침해하는 동시에 "학원의 설립 운영 및 과외교습에 관한 법률"을 위반하는 범죄행위"라고 폭로하였다. 그리고 "이러한 비밀세뇌교육을 통해 인간 이만희를 이 시대의 구원자, 메시아로 믿도록 착란하게 만들고, 이만희를 통한 육체영생을 믿게 만드는 세뇌교육장소로 활용되는 바, 마땅히 전국의 500여 복음방과 신학원(선교센터, 위장문화센터 등)을 즉각 폐쇄해야 한다"고 주장하며 교육당국의 감독을 촉구하였다.6)

아울러 신천지가 전국의 약 60개 위장봉사단체를 내세워 국가기관을 기망하고 위장행사를 후원받은 위계에 의한 공무집행 방해 행위와 이를 이용하여 공기업 등으로부터 협찬을 받은 사기행위를 하고 있다고 폭로하고 처벌을 요구하였다. 신천지는 (사)하늘문화 만남, (사)자원봉사단 만남, (사)얼지키미, (사)좋은세상만드는사람들 등 전국에 약 60개 신천지 위장단체를 이용하여, "신천지 내부 찬양고무 행사를 위장으로 개최함에 있어, 국가기관의 행사 내지 자원봉사 행사로 위장하여, 정부 각 기관의 후원을 받고, 국가기관의 후원을 근거로 하여 공익법인 또는 기업으로부터 금품을 협찬 받는 등의

---

6) 엄승욱, "사기집단 신천지의 반국가적 범죄행위 수사촉구", 「교회와 신앙」 2013년 11월 18일.

사기행위를 일삼아왔다"고 주장하였다.[7]

미국의 피플지는 2015년 12월 12일자 온라인 신문에서 하나님의교회 신도였던 미셸 콜론씨와 탈퇴자 6명의 인터뷰를 통해 하나님의교회가 사람들의 약점을 이용해 신도로 만들고, 통제와 세뇌를 통해 '어머니 하나님'과 교회에 빠지게 한다고 소개했다.[8] 그리고 다른 여성 탈퇴자의 인터뷰를 통해 "교회 지도자들이 몇 시간씩 봉사나 성경공부를 하라고 요구하며 자신의 삶 구석구석까지 관리하려고 했다고 주장했다. 그리고 교회는 그녀가 듣는 음악도 통제했고 인터넷 사용도 금지했다고 주장했다. 그리고 "거기에 가 있지 않으면 통제할 수가 없죠. 모두들 잠이 부족했고, 이 집단은 끊임없이 뭐든 반복하고 또 반복해서 머릿속에 박히게 했습니다. 그리고 기회를 엿보고 있다가 삶이 바뀌거나 공허감을 채워야 하는 사람들을 찾아내어 그들을 장악합니다"[9]라고 폭로하였다.

---

7) 위의 글.
8) "'하나님의교회' 미국서도 종말론 내세워 물의…피플지 보도", 「국민일보」, 2016. 1.11.
9) 위의 글.

정동섭은 여러 학자들의 견해를 종합하여 이단집단이 신도들을 확보하여 그들을 이용하기 위해 사용하는 10단계의 '세뇌의 원리'를 자세히 제시하였는데, 이를 요약하면 다음과 같다.[10]

첫째, 정서적으로 감정적으로 연약한 이들에게 접근 포섭하여 포용, 아첨, 환영을 통해 소속감을 고취시킨다.

둘째, 이러한 소속감이 제공하는 사랑과 안정감과 형제애를 미끼로 희생적인 헌신commitment을 요구한다. 좋은 옷이나 음식, 가정생활, 학교생활, 장래 계획까지도 포기하고 집단에 헌신하도록 유도한다.

셋째, 충성심을 더욱 강화하기 위해 주변을 통제milieu control한다. 가족, 친구, 언론 매체로부터 자신들을 반대하는 견해를 접촉하지 못하도록 통제하기 위해 일정 기간 격리시킨다.

넷째, 어떤 구체적 행동이나 감정을 촉발하여 마치 그런 행동이 저절로 자발적으로 일어난 것처럼 보이도록 인위적으로 조정manipulation한다. 교주가 남다른 신비한 계시와 사명을 받았다고 믿게 함으로써 추종자들도 그러한 계시를 믿고 그러한

---

10) 정동섭 – 이영애, 『왜 구원파를 이단이라 하는가?』 (서울: 조이선교회, 2010), 257-263.

사명에 헌신하도록 하는데, 이러한 '마력적 조정'mystical ma-
nipulation을 통해 추종자는 모순적인 교리와 상황에 대한 인지
적 갈등을 느끼지 못하는 인지적 부조화를 겪게 된다.

다섯째, 진정한 헌신과 충성을 시험하는 방식으로 물질적
금전적 투자investment를 요구한다. 세상의 물질적 쾌락의 가
치를 폄하하고 기성교회의 부패를 부각시킴으로서, 경쟁적으
로 현금 뿐 아니라 금폐물이나 증권, 자동차나 집과 같은 현물
도 몽땅 바쳐 이단이 제시하는 새로운 사회 건설을 위한 완전
한 투자를 하도록 부추긴다.

여섯째, 집단의 응집력에 방해가 될 만한 과거의 모든 외부
와의 관계를 포기renunciation하도록 한다. 가족 관계, 친구 관
계, 심지어 부부 관계조차도 '모임의 목적'에 방해가 되는 것이
라면 포기하고 모두 스스로 단절하게 한다.

일곱째, 새롭게 받아들인 교리를 순결하게 유지하고 계속
강화하기 위해 고립isolation을 받아들이게 한다.

여덟째, 투자, 포기, 고립의 단계를 거친 추종자는 동료들
과의 교제communion에만 의존하게 된다. 간증과 교제를 나누
며 생각과 감정으로 공유하고 함께 일하고 헌신하고 교제함으

로써 배타적 유대를 강화하고 영적교제라고 미화한다.

아홉째, 집단의 의미와 방향을 제공하는 초월감(feeling of transcendence)을 심어주어 보다 큰 대의명분과 선민의식을 가지고 무조건적인 충성을 지상과제로 확신하게 만든다.

열 번째, 이러한 세뇌의 과정의 최종원리는 인격의 가치나 인격의 변화보다 이단의 교리나 이단의 목적 사업이 우선한다는 확신에 이르게 하는 것이다. "이단에서는 교리가 사람에 우선한다. 개인의 독특한 개성이나 특질은 집단의 필요에 따라 변조되어야 한다."11) 집단의 목적을 위해서는 개인의 인격이 무시되고 침해되는 것을 수용하게 만든다.

2) 가만히 끌어들이는 밀교집단

"저들은 멸망케 할 이단을 가만히 끌어들이는 자"(벧후 2:1)라고 하였다. 이단들의 포섭대상은 위기에 처한 사람들이므로 이들에게 의도적으로 접근하여 개인적인 친절과 물질적

---

11) 위의 책, 262.

인 도움 그리고 자원봉사를 제공하고 이를 미끼로 이단 집회나 성경공부에 참여하도록 유도한다. 질병 치유와 각종 상담, 결혼 및 취업, 문화와 예술활동 참여 등을 주선하기도 하고, 무료 성경공부나 선교활동, 각종 자원봉사나 해외연수, 문화활동 등을 명분으로 위장하여 접근한다. 언론의 대대적인 홍보를 통해 공신력 있는 단체인 것으로 과시하거나 때론 기존 단체를 사칭하거나 유사한 단체명(IYF 등)을 사용하기도 한다. 추수꾼이라는 이름으로 가장하여 몰래 기성교회에 침투해서 교인들을 빼내가는 신천지의 비밀 침투가 이에 해당한다.

　　신천지는 기성교회의 비밀 침투를 '양을 이리 가운데 보내는 것'이기 때문에 거짓과 위장의 '이리 옷 입기'(마 7:15 참조)라고 합리화하고, 교인 빼가기를 '도둑질 당한 밭의 우리 것 찾기'라고 주장한다. 그리고 기성교인에게 거짓말을 하는 것을 '모략'(사 9:17), '뱀 같은 슬기'(마 10:16)라고 하였으니, 거짓말하는 것은 죄가 아니라고 가르치는 것이나 다름없다. 이처럼 신천지는 자신의 신분을 거짓으로 위장하고 이를 교리적으로 합리화하지만, 십계명에는 "네 이웃에 대하여 거짓증거하지 말라"고 가르친다. 진리는 아무도 속이지 않는다. 하나님께는 거짓이 통하지 않는다.

통일교의 최근 경전인 『평화훈경』은 시중에서 구입할 수 없는 비밀경전이며, 청평의 통일교 센타의 집회에도 아무나 참석할 수 없다. 신천지도 마찬가지이다. 신천지의 경우 추수꾼의 '전도방법'에 관한 유인물을 외부에 유출하면 지파장은 문책을 받고 유출자는 신천지에서 제명된다는 특별경고문(신천기 19년 10월 20일)을 발송하기도 하였다. '전도방법' 유인물의 유출을 금지시킨 것은 그 내용을 떳떳하게 공개하지 못할 내용이 포함되어 있기 때문일 것이다.

종교학자들은 종교를 현교와 밀교로 나눈다. 현교顯敎는 교리, 제도, 의식이 공개되어 있고 교단이 민주적으로 운영되고 재정관리 역시 투명하다. 그러나 밀교密敎는 교리, 제도, 의식이 이중적이다. 예배와 교리와 제도의 일부는 비밀로 하거나 신앙의 단계나 등급에 따라 집회 참석을 제한하기도 한다. 외부에 알려지지 않는 피가름과 같은 성적인 비밀의식을 치루기도 한다. 신천지의 경우처럼 일정한 수준의 성경공부를 마친 사람만 집회에 참석을 허락하기도 한다. 교단운영도 비공개적이고, 재정관리 역시 불투명하다. 재정수입과 지출에 관한 내역을 공개하지 않는다. 조직운영이 비민주적이며 공개된 법과 제도를 통한 자체 검증 절차가 없다. 교주나 지도자의 말이 곧 법으로 통한다. 기성교회의 제직회나 당회, 노회나 총회 같은 민주적 의사결정 기구가 제도화 되어 있지 않다. 그러나 성서에는 예루살렘 교회에서 사도와 장로와 온 교회가 모여 회의를 한(행 15:22) 총회가 있었고, '장로의 회'(딤전 4:14)와 같은 당회가 있었다.

예수의 가르침은 사도들을 통해 누구에게나 공개적인 장소에서 공개적으로 전해졌다. "회당과 성전에서 항상 가르쳤고 은밀하게는 아무것도 말하지 아니하였다"(요 18:20)고 한다. 바울도 "내가 전해 받은 것을 너희에게 전한다"(고전 15:6)고 하였다. 이레네우스는 이를 가리켜 사도전승이라고 하였다. 반면에 이만희가 6,000년 감추인 천국비밀의 실상을 자신만이 직통 계시를 통해 보고 이 비밀의 실상을 풀이한 것을 전해 받은 자만이 구원이 있다고 주장하는 것은 전형적인 밀교의 형태이다.

이처럼 특정한 진리를 자신들만이 특별히 전해 받았거나 깨달았기 때문에 특정인들에게 비밀리에 가르치고 전하는데,

이를 비밀전승이라 한다. 특히 신천지와 같은 이단들은 성경 공부를 가르치는 신학원을 기성교회 건물인 것처럼 위장하고 성경공부하는 것 자체를 가족이나 교인이나 주변사람들에게 철저히 숨기도록 '입막음 교육'을 하고 있다. 진리의 가장 단순한 형식은 진실이다. 말씀의 진리를 배운다면서 성경공부하는 것을 온갖 거짓말로 속이고 거짓말을 하는 것 자체가 이미 비진리인 것이다.

따라서 이단들은 외부인들의 접근 역시 철저히 통제한다. 그 실례로 서울 화곡동의 신천지의 '바돌로매지성전' 출입문에 지문인식기가 설치 가동되고 있는 데, 단순 보안장치가 아닌 외부인 출입 통제용으로 보여 폐쇄적인 집단임이 드러났다고 한다.[12]

3) 호색을 좇는 음란집단

일부 이단은 "여럿이 그들의 호색하는 것을 좇으며"(벧후

---

12) "신천지 바돌로매… 출입문 지문인식기 설치 가동", 「교회와 신앙」 2016년 01월 07일.

2:2) 성적으로 문란하여 사회적 지탄을 받기도 한다. 선악과 사건을 타락한 천사와 하와 사이의 성관계로 해석하고 그로인해 유전된 사탄의 피를 성혈聖血로 바꾸어 한다는 소위 '피가름(또는 피갈음) 교리'가 유독 한국교회에서 다양하게 전승되어 오고 있는데, 이를 최초를 주장하는 이는 '새 주교'의 교주인 김성도(金聖道, 1882-1944) 권사이다.[13]

특히 정득은은 『생의 원리』에서 '루스벨[루시퍼] 천사장이 알게 되어 이부「이브」를 유혹하여 마귀에게 자식을 낳아주었으니 이는 곧 가인이라'하였다. 정득은은 삼각산 대성심 수도원을 세우고 자신을 영모, 대성모大聖母라 부르며 자신이 죄 없는 깨끗한 몸이므로 "나와 영체합일이 되지 않으면 구원받지 못한다"는 소위 피가름 교리를 주장하고 실천하였다고 한다. 이러한 주장이 김백문, 문선명(통일교), 박태선(전도관), 정명석(Jesus Morning Star)으로 이어지는 한국 사이비 계보상의 큰 획을 이어왔다.[14]

---

13) 허호익, "'새 주교'의 김성도와 이단 기독교의 교리적 계보", 「신학과 문화」 22(2013), 153-180.
14) 허호익, "성적타락론과 '피가름 교리'의 계보", 「현대종교」 2014년 9-12월호.

박태선은 여성을 안찰한다는 명분으로 소위 섹스안찰이라는 성추행을 서슴치 않았다.[15)

문선명은 피가름 또는 혈대교환 등의 교리로 한때 혼음을 자행하여 물의를 일으켜 여러 차례 투옥되기도 하였다. 통일교에 가담하였다가 혼음의 물의를 빚어 1945년 이대교수 5명이 파면되고 여학생 14명이 퇴학당하였기도 하였다.

박준철은 1960년 문선명(당시 40세)이 현재의 아니 한학자(당시 17세)와 결혼한 이후에도 최순화라는 처녀 사이에 사생아를 낳았고 미국에서도 세미라는 사생아를 낳았다고 하였다.[16)

문선명의 첫 며느리였던 홍난숙은 남편과 이혼한 후 문선명 일가의 각종 비리를 고발한 「문씨 일가의 그늘에서」[17) (1998)라는 책을 썼다. 문선명은 결혼 후에도 성적 문란으로 물의

---

15) 탁명환, 『기독교이단연구』(서울: 도서출판 연구사, 1989), 183.

16) 박준철, 『빼앗긴 30년 잃어버린 30년— 문선명 통일교 집단의 정체를 폭로한다』(서울: 진리와생명사, 2000), 203.

17) Nan Sook Hong, *In the Shadow of the Moons*— *My Life in the Reverend Sun Myung Moon's Family*, Little Brown and Company. 1998. 이 책의 내용은 이대복의 「통일교의 원리비판과 문선명의 정체」 174-396쪽에 번역 게재되어 있다.

를 일으켰으며, 문효진은 "아버지가 바람을 피웠으니 나도 피운다"고 주장했고 어머니 한학자는 "아버지는 구세주이고 너는 다르다"고 훈계하였다는 어처구니없는 기록도 있다.[18]

통일교는 여전히 결혼 후 삼일 동안의 여성 상위와 남성 상위 성교자세를 번갈아 행하는 삼일행사와 생식기 주인 찾기 등의 성적인 모티브를 교리화하고 있다. 최근 통일교는 초기의 피가름이나 혈대교환의 교리를 '생식기 주인 찾기' 교리로 바꾸었다.[19] 사탄이 하와의 생식기 주인 노릇을 했기 때문에 절대 혈통, 절대사랑, 절대평화가 깨어졌다는 것이다. 따라서 아내의 생식기 주인은 남편이고, 남편의 생식기 주인은 아내이므로 이런 주인의 자리를 확보하기 위해 인간은 결혼을 하는 것이라고 한다.

"인간의 생식기는 지극히 성스러운 곳입니다. 생명의 씨를 심는 생명의 왕궁이요, 사랑의 꽃을 피우는 사랑의 왕궁이요, 혈통의

---

18) 이대복,『통일교의 원리비판과 문선명의 정체』, 357-358
19) 황선조 편, 『평화훈경— 평화메시지와 영계보고서』(서울: 천주평화연합-세계통일평화가정연합, 2007), 130.

열매를 맺는 혈통의 왕궁입니다. 이 절대생식기를 중심삼고 절대혈통, 절대사랑, 절대생명이 창출됩니다. 절대화합, 절대통일, 절대해방, 절대안식이 벌어집니다."[20]

따라서 참 부모님으로부터 교차교체결혼을 통해 문선명이 짝지어 준 생식기 주인을 바로 찾아 교차교체결혼을 하게 되면 무죄한 자손을 낳기 전, 십자가에 달린 예수도 받시 못한 축복을 받아 원죄, 혈통죄, 연대죄, 자범죄도 없는 축복 가정이 된다.

그리고 혈통권, 장자권, 소유권을 회복하여 개인천국 가정천국을 이루어 죄 없는 자녀가 탄생한다고 한다.[21] 그러므로 이 생식기가 천국과 지옥의 경계선이라고 한다. 생식기 주인을 바로 찾으면 프리섹스, 근친상간, 스와핑과 같은 성적 범죄를 물리치고 성적 순결의 절대사랑을 실천할 수 있다고 한다.[22]

---

20) 위의 책, 62, 131.

21) 황선조 편, 『평화훈경― 평화메시지와 영계보고서』, 147.

22) 위의 책, 60-61.

선문대학교 순결학부 2003년 11월 학술대회 주제가 "당신의 생식기 주인은 누구입니까?"이며, 도서관의 통일신학 자료실에서 '생식기'를 검색하면 460여개의 자료를 찾아 볼 수 있을 정도이다. 그런데 성적으로 가장 문란하였던 통일교가 성적 순결을 주장한다는 것이 놀라울 따름이다.

초기의 합동결혼식에는 문선명이 사진을 통해 부부를 짝지어 주었으나 최근에는 교구장에게 위임되었다. 합동결혼식에 참석한 부부는 약혼식과 문선명이 베푸는 포도주를 함께 나눠 먹는 성주식聖酒式과 죄를 탕감받기 위해 매를 3대씩 힘껏 주고받는 탕감봉蕩減棒행사와 부부가 3일간 세 차례의 성교를 통해 성적 타락을 복귀하는 삼일(三日)행사를 치른다.23) 그러나 문선명의 장녀나 장남의 결혼의 경우 성주식과 탕감봉 행사와 삼일행사 조차 지키지 않았다.24) '축복결혼'의 교리와 의식을 교인들에게만 강요하는 기만과 자기모순의 극치이다.

강요된 합동결혼식은 그 자체가 문제를 안고 있다. 한 통계에 의하면 1987년부터 2004년까지 18년간 2만 5,213건의

---

23) 황선조 편, 『축복결혼』(서울: 세계평화통일가정연합, 2005), 111-132.
24) 이대복, 『통일교의 원리비판과 문선명의 정체』, 205-207.

피해상담이 있었다고 한다.25)

2002년 일본에서는 합동결혼식이 본인의 의사와 무관한 강제결혼이라는 법원 결정으로 신도 3인에게 920만 엔을 지급하라는 판결이 나오기도 하였다. 이러한 축복가족이 되기 위해서는 1999년 기준으로 미화 만 달러를 납부하여야 한다.26)

박윤식(대성교회)은 하와가 뱀과 성관계를 맺어 가인을 낳았으니 사탄(뱀)이 씨앗을 속인 것이라는 '씨앗속임'을 주장한다. 타락 후에 월경이 생겼으므로 월경하는 여인의 입장에서 탈출하는 것이 구원이라 가르친다.27)

국제크리스천연합 총재인 정명석(64)에게 대법원2부(주심 양창수 대법관)는 2009년 4월 23일 여신도들을 성폭행한 혐의(강간)를 인정해 징역 10년을 선고한 원심을 확정했다. 정명석은 1980년 2월 서울 남가좌동에 애천교회를 개척하고 JMS라는 단체를 만들었다. 그는 구약시대에는 종의 관계, 신

---

25) 「현대종교」 2005년 12월호.

26) 박준철, 『빼앗긴 30년 잃어버린 30년』, 339.

27) 『사이비-이단연구보고집』(2001), 105.

약시대에는 아들관계 그리고 성령시대인 지금은 애인관계라고 하여 여신도를 성추행하는 등 비리 의혹이 제기되어 1999년부터 수사 기관의 내사를 받았다. 그러던 중 2001년 해외로 도주하여 2006년까지 말레이시아–홍콩–중국 등에서 자신을 따르는 여신도들에게 병을 고쳐준다며 한국인 여신도 다섯 명을 성폭행하거나 강제 추행한 혐의로 2009년 2월 범죄인 인도청구에 따라 구속 기소됐다.[28]

1심 재판부는 여신도 3명을 성폭행 또는 성추행한 혐의를 인정해 징역 6년을 선고했다. 항소심 재판부는 1심에서 무죄가 선고됐던 여신도 1명에 대한 강제추행 혐의를 인정하는 등 여신도 4명에 대한 혐의를 유죄로 판단해 징역 10년을 선고했다.[29]

2013년 11월에는 신천지가 위장 포교 방법으로 성을 포교의 도구로 삼는 사례들이 폭로되고 있다. "이러한 섹스포교가 가능한 것은 신천지는 포교를 위하여서는 어떠한 비윤리적 비

---

28) 신혜숙, "JMS 정명석, 대법원서 10년형 최종 확정", 「뉴스미션」(인터넷판) 2009.4.23.
29) "JMS교주 정명석 징역 10년 확정", 「국민일보」 2009.4. 23.

도덕적 방법 내지 위법적 방법을 사용하는 데에 거부감이 없도록 훈련되어 왔기 때문"이며, "이성을 상대로 한 비윤리적 이성포교, 섹스포교에 관해서는 본 단체가 운영하는 인터넷 카페(바로알자 사이비 신천지 www.antiscj.net)에 그 피해의 사례들이 게시되고 있다"고 한다.[30]

신천지 모 여전도사와의 성적관계를 통해 신천지에 포섭된 이후 양심적 가책과 정신적 혼란을 겪었다는 A씨는 신천지 측에서 이른바 '섹스포교'를 지시한 적이 있는지에 대해 내용증명을 보냈지만, 묵묵부답이었다고 폭로했다. A씨는 "재미교포 사업가로 한국과 미국을 오가던 중 신천지의 김모 여전도사를 소개받아 성적관계를 맺었고, 이후 6개월 동안 신천지 교육을 받았다"는 사실을 털어놨다.[31]

이처럼 전도관의 박태선과 통일교의 문선명과 JMS의 정명석 같은 일부 이단들은 성적으로 문란하여 사회적 지탄과 법적 제재를 받기도 하였다.

---

30) 엄승욱, "사기집단 신천지의 반국가적 범죄행위 수사촉구", 「교회와 신앙」 2013.11.18.
31) "신천지 탈퇴자 A씨, '성 매개 포교' 내용증명 요구", 「노컷뉴스」2013.11.18.

4) 탐심으로 이득을 취하는 영리집단

이단, 사이비 집단은 "탐심으로써 지어 낸 말을 가지고 너희로 이득을 삼는 자"(벧후 2:3)들이다. 이단, 사이비 집단은 각종 명분으로 헌금을 강요하거나 헌금의 정도를 구원과 관련시켜 가르치거나 교인들의 헌금을 사업에 투자하고 교회가 직접 경영에 참여하여 경제적 이윤을 추구하고 그 결과 물질적 풍요를 교인들과 나누는 것을 영적 구원에 상응하는 물질적 구원이라고 가르치는데 이는 명백히 사이비에 해당한다.

교주들은 자신을 신격화하여 엄청난 명예와 특권을 누리고, 교인들의 헌금과 성금을 임의를 사용하고 이를 사업에 투자하는 등 이윤추구에 급급하며 이를 통해 교주 자신과 간부들이 엄청난 부를 누리고 있는 것이 사실이다. 대부분의 이단, 사이비 들은 재정수입과 지출에 관한 내역을 공개하지 않는다. 교회가 헌금을 모아 구제하지 않고 영리를 추구할 경우 그 본래성을 상실하게 되는 것이다.

박태선은 덕소에 오토바이 공장을 설립하면 집집마다 자가용 1대, 피아노 1대, 전축 1대씩을 주겠다고 호언장담했다.

세 곳에 신앙촌을 세우고 신도들의 노동력과 재산을 착취하여 엄청난 부를 축적했다. 태선은 신앙촌의 제품과 더불어 특별 생수권과 정기생수권을 구분하고 값을 다르게 매겨 판매하였다.[32]

통일교는 최근 소유권 환원식이라 하여 전 재산 헌납을 교인의 사명으로 주장한다. "천일국을 경영하고 다스리는 데는 백성의 힘이 절대적 필요 요건이라는 점입니다. 이제 여러분은 선천시대의 잔재인 이기적 개인주의의 탈을 미련 없이 벗어던져야 합니다. 하늘로부터 소유권 전환을 받기 위해서는 여러분의 모든 소유권을 일단 하늘 앞에 봉헌하고, 소유권所有權 환원식還元式을 통해 돌려받는 절차를 거쳐야 합니다"[33]라고 하였다.

그리고 "천일국 백성은 누구나 수입 중 10의 3조를 국가 앞에 먼저 바치고 사는 모범을 보여야 한다"[34]고 명시하고,

---

32) 탁명환, 『기독교이단연구』, 182. 특별생수는 1통에 20만원 정기생수는 10만원을 받았다고 한다.

33) 황선조 편, 『평화훈경— 평화메시지와 영계보고서』, 90.

34) 조성식, "대해부 통일교 왕국", 「신동아」 2006년 9월호, 97. 문선명은 2000년 4월 20일 미국에서 40회 성혼기념식을 갖는 자리에서 "모든 축복가정은

이는 인류의 복지와 평화를 위한 기금이므로 "강제성을 띠는 것이 아니고 자발적이고 기쁜 마음으로 하늘 앞에 바치는 심정心情의 봉헌奉獻이어야 한다는 뜻"[35]이라고 하였다. 그러나 이를 통일교 신자들의 새로운 '의무와 사명' 일곱 가지에 포함시킨 것은 강제성을 암시하는 것으로 보인다.

통일교 신도들은 천일국 백성을 뜻하는 국민증을 발급받는다. 주민등록증과 비슷한 교인확인증을 지니고 있으면 어느 교회에 가더라도 밥을 얻어먹을 수 있는 특권이 있다고 강조한다.[36] 통일교는 예전부터 각종 헌금과 기금이 아주 많은 것으로 잘 알려져 있는데 '새 시대 새 천년맞이 특별정성'이라는 공문(1999.12.1일자)에 명시된 헌금 종류는 다음과 같다.

- 총생축(總生祝)헌금 : 가정당 16,000달러(한화 1,920만 원)
- 천주(天主)승리축하헌금 : 1개월분 수입
- 총탕감(總蕩減)기금 : 가정당 1만 달러(한화 1,200만 원)

10분의 3을 헌금해야 한다"고 하였다.

35) 황선조, 『평화훈경— 평화메시지와 영계보고서』, 90

36) 조성식, "대해부 통일교 왕국", 111.

- 구국(救國)헌금 : 1인당 160만 원

- 천주평화공원조성기금 : 1인당 8만 원

- 건국(建國)기금 : 가정당 매월 17만 원[37]

이러한 헌금을 통해 통일교 각종 제품판매와 사업을 통해 영리를 꾀한다.[38] 최근 에버랜드의 7배에 달하는 부지에 2015년까지 1조5천억 투자 여수 해양관광복합단지를 조성하는 등 대형 프로젝트를 수행하여 막대한 부를 창출하고 있다.[39]

문선명은 1973년 미국에 진출한 후에는 탈세혐의로 6차례 구속되고 결국 1984년 7월 16일부터 18개월간 미 댄버리 교도소에 수감되었다. 통일교에서는 자신들은 종교단체이므로 탈세가 아니라고 하였으나 미 대법원은 문선명 집단은 영리단체이므로 세금을 내어야 한다고 판결하였다고 한다.

통일교는 다른 이단들처럼 돈 버는 무수한 사업에만 투자

---

37) 위의 글, 97.
38) 이대복, 『통일교의 원리비판과 문선명의 정체』, 34-150. 통일교의 재산 축적 방법과 사업체에 관한 자료 참고 할 것
39) 조성식, "대해부 통일교 왕국", 112.

하고 돈 드는 고아원과 양로원 같은 구제와 복지 사업에는 전혀 관심이 없다는 특징을 지닌다. 종교의 탈을 쓴 영리집단인 것이다. 그리고 지난 7월 초 시가 400억대 문선명 전용헬기의 추락사고가 날 정도로 교주 일가는 초호화생활을 누리고 있는 것이다.

최근 일본 변호사들의 노력으로 일본 통일교의 피해에 대한 법률적 구제 사례들도 보고되었다. ① 영감상법을 사기적인 판매로 보고 일본통일교의 손해배상 책임이 인정되었고, ② 위법한 전도방법에 대한 일본 통일교 측의 손해배상을 받았으며, ③ 사기, 협박 등 비정상적인 방법에 의해 유도된 헌금-기부금에 대한 피해자의 반환 청구권도 인정되고, ④ 개인의 의사와 무관하게 교주 문선명의 지시에 의해 이루어진 합동결혼식에 의한 결혼의 효력 부인 등 획기적인 판결들을 얻어 내었다고 한다.[40]

박옥수(구원파, 기쁜소식선교회)와 (주)운화측은 2011년 '또별'이라는 일반 식품을 암은 물론 AIDS까지 낫게 하는 '약'

---

40) 박종운, "일본에서의 통일교 문제", 「현대종교」 2008년 10월호, 131.

인 것처럼 구원파 신도들에게 '홍보'내지 '복용권유'하고, 이를 신뢰한 암환자 신도 등이 '항암치료' 등을 받지 않고 또별을 먹다가 치료 시기를 놓치고 죽음에 이른 사례가 있으며, 암과 에이즈 치료 효능이 있는 약으로 홍보−복용권유 함으로 (주)운화는 부당이득을 취하고 있다고 고발을 당하였다.[41] 2012년 3월 17일 채널A(www.ichannela.com)의 시사고발 프로그램에서 '또별'이란 제품에 대해 문제제기하는 내용이 방영되어 사회적 물의를 빚기도 하였다. 여러 차례 재판 과정을 거쳐 2014년에는 '200억대 주식사기 의혹'과 '400억대 자본시장과 금융투자법 위반 의혹'으로 피소되어 경찰 조사를 마치고 검찰에 송치되었다.[42]

구원파 유병언은 1974년 '삼우트레이딩'이라는 회사를 인수, 교인들의 헌금으로 운영하면서 교인들로부터 "사장"으로 추앙받았다. 1980년대에는 ㈜세모라는 이름으로 스쿠알렌, 컴퓨터, 조선, 유람선 등의 사업에 전념하였다. 오대양 사

---

41) "박옥수(구원파) 씨 등 '또별' 문제로 형사고발 당해", 「교회와 신앙」 2011년 12월 14일.
42) "검찰, 또 다른 구원파 박옥수 출국금지", 「교회와 신앙」 2014년 08월 14일.

건과 연관되어 4년을 복역하기도 하였다. 2002년부터는 경북 청송군 현서면 일대의 임야를 매입하여 집단촌을 형성하여 환경친화적인 유기농법으로 농사를 지으며 공동생활을 하는 이른바 '청녹마을 프로젝트'를 추진하고 있는 것으로 알려져 있다. 청송군민들은 "한국녹색회 추방운동"을 벌이고 있다. 청송 외에도 유병언은 안성과 제주도에 농장을 운영하면서 폐쇄적인 집단생활을 유도하였다.[43] 2014년 4월 16일 침몰한 세월호의 실소유주라는 것이 밝혀져 도피중 시체로 발견되었다.

미국의 피플지는 2015년 12월 12일자 온라인 판에 미국의 '하나님의교회'의 탈퇴자 인터뷰 기사를 통해 "탈퇴자들 전원은 봉급의 10~15%에 해당하는 십일조를 강요받았다고 주장했고, 심지어 신도들이 가진 것을 기부하게 하여 교회가 나중에 기금마련 행사에서 판매했다고 했다." 그리고 "그리고 신도들이 시간과 재산을 교회에 바치게 하였다"고 지적했다.[44]

---

43) 정동섭, "유병언-이요한-박옥수 구원파는 왜 이단인가?", 「교회와 신앙」 2013년 06월 05일.
44) "'하나님의교회' 미국서도 종말론 내세워 물의…피플지 보도", 「국민일보」, 2016. 1.11.

대부분의 이단들은 이처럼 교인들에게 각종 헌금을 강요하고 이를 돈 버는 영리사업에 투자하지만, 교회의 재정을 노숙자 무료급식이나 각종 복지 시설 운영과 같이 돈 드는 구제사업에는 사용하는 경우는 거의 없다. 돈을 들이지 않고 교인들을 동원하는 자원봉사를 열심히 하는 경우는 있지만.

성서는 이처럼 "헛된 말을 하며 속이는 자"들이 "이를 취하려고 마땅치 아니한 것을 가르쳐 가정들을 온통 무너뜨리는 것"(딛 1:10-11)을 엄히 다스리도록 경고하고 있다.

F. 퇴니스가 말한 것처럼 교회는 이익사회Gesellschaft가 아니라 공동사회Gemeinschaft이기 때문이다.

5) 멸망으로 인도하는 폭력집단

"자기들을 사신 주를 부인하고 임박한 멸망을 스스로 취하는 자들이라"(벧후 2:1)고 하였다. 이단들은 삼위일체 하나님을 부인하고 교주를 신격화한다. 강력하고 권위적인 지도자에 의해 이단이 생겨나므로 지도자를 하나님, 재림주, 보혜사 성령으로 주장하기도 한다. 교주나 지도자의 생애를 미화하고 특별한 계시나 능력을 지닌 영적 신적 존재로 부각시킨다. 교주나 지도자에게 무조건적 순종을 강요하고 이를 서약하거나 입회의식으로 시행한다. 교주나 지도자의 뜻에 거역하는 경우 신앙의 이름으로 협박, 폭행, 구금, 성적 유린, 살인 등 비윤리적 보복을 자행한다. 따라서 마치 조폭집단처럼 맹목적인 헌신과 충성을 강요하는 과정에서 사고를 통제하고 행동을 강제하여도 이에 순응하게 되는 것이다. 교주나 지도자는 각종 특권이나 호의호식의 특별한 대접을 받아 마땅하다고 가르친다. 신앙의 문제로 갈등을 겪을 경우 기존 교회나 직장이나 가정을 포기하도록 유도하는 반교회적, 반사회적, 반가정적 가르침을 자행한다.

미국의 피플지는 2015년 12월 12일자 온라인 판에 미국의 '하나님의교회'의 탈퇴자 인터뷰 기사를 통해 '두려움과 죄책감'에 시달려 온 것을 폭로했다. "그들은 세상이 어느 순간이든 곧 끝날 것이라는 두려움을 주어서 그 종말 전에 선을 충분히 행하지 않은 것에 대해 죄책감을 느끼게 합니다." 그리고 "어떤 탈퇴자들에 의하면, 새 신자 모집에 더 많은 시간을 쓰게 하기 위해 '하나님의교회'는 신도들이 대학을 중도하차하

거나, 직장을 그만두거나, 가족을 무시하도록 종용했다"고 한다.[45]

전주지법 형사합의2부(부장판사 김현석)는 19일 JMS에서 탈퇴한 뒤 교주였던 정명석의 비리를 고발한 김모씨를 쇠파이프로 집단폭행한 혐의(특정범죄가중처벌법상 보복범죄) 등으로 기소된 JMS 신도 민모씨 등 4명에게 각각 징역 1년 6개월에서 징역 1년의 실형을 선고했다. 재판부는 "민씨 등이 JMS를 탈퇴하고 반JMS단체를 만들어 활동하는 이들을 보복하고, 쇠파이프로 공격하는 등 죄질이 불량하다"며 "아무런 원한 관계가 없는 이들을 자신이 속한 종교집단인 JMS와 반한다는 이유만으로 공모해 집단 폭행하는 등 사안이 중하다"고 판시했다.[46]

2011년 11월 17일 동안양 세무서 앞에 배우자와 자녀들의 이혼, 가출로 가정이 해체되고 경제적인 어려움을 겪고 있는 피해자들이 한 자리에 모여 조세포탈 혐의로 검찰 조사를 받고 있는 이만희 씨에 대한 구속 수사를 촉구했다.[47] 2013

---

45) 위의 글.
46) "'탈퇴자 보복폭행' JMS 신도4명 징역 1년~1년6월", 「국민일보」 2012. 7. 19.
47) "신천지 이만희 교주를 구속하라", 「노컷뉴스」 2011.11.17.

년 11월에도 엄승욱은 기자회견을 통해 신천지가 신도들에 대한 감시, 미행, 협박 등 인권유린 행위를 자행하고 있음을 다음과 같이 고발하였다.

① 신천지는 신도들의 이탈을 막기 위하여, 정신적 강요를 통해 신도들을 사주, 세뇌하고 있으며, 이탈자 및 신천지 피해자들에 대한 각종 공갈과 협박, 폭행, 감시활동, 합법적 시위를 방해하는 폭행, 방화, 허위고소를 교사하고 실행하고 있습니다.

② 신도들에 대한, 피해자 및 가족들에 대한 감시, 미행, 협박 등 인권유린 행위를 즉각 중단해야 하고, 자유의사에 따라 판단하고 행동할 수 있도록 인권을 보장해야 합니다.[48]

아울러 청소년과 가정주부 및 가장의 가출과 이혼 등 가정파괴행위에 대해서도 수사를 촉구하였다.

① 신천지는 조건부종말론을 주장함으로써 14만4천 명이라는

---

[48] 엄승욱, "사기집단 신천지의 반국가적 범죄행위 수사촉구", 「교회와 신앙」 2013년 11월 18일.

조건이 이루어지면 육체적으로 영원히 죽지 않고 왕 같은 제사장이 된다는 교리를 주입시켜 모든 것에 우선하여 포교활동에만 올인하도록 하고 있습니다.

② 따라서 정상적인 가정생활이나 직장생활, 학업을 계속하기가 어렵기 때문에 포교활동에 전념하기 위해서 가출이나 학업포기, 직장포기는 물론 이혼까지도 서슴지 않는 것입니다.[49]

심지어 신천지에 빠진 자녀를 가정과 교회로 돌아오도록 설득하자 신천지에서는 신천지 탈퇴하면 3대가 멸하는 저주를 받는다고 위협했다고 한다.

가족들의 반대에 갈등하자 신천지에서는 여기서 포기하면 3대가 멸하는 저주를 받는다고 위협했다. 내가 전도한 자매의 어머니에게도 곧 오래 못 살 거라며 저주를 퍼부었다. 그 말을 듣는 순간 신천지의 차가움에 몸을 떨게 되었고 회의감이 들었다.[50]

---

49) 위의 글.

50) 문규옥, "신천지 탈퇴하면 3대가 멸하는 저주를 받는다고 위협", 「뉴스앤조이」 2006.11.17.

이런 배경에서 보면 이단 집단의 교주는 반사회적 성격장애자들로서 다음과 같은 특징을 지닌다고 한다.[51]

- 보통 이상의 지능을 갖고 있으며 상당히 매력적이다.
- 망상이나 비논리적인 사고를 나타내지 않으며 정상인처럼 행동한다.
- 불안이나 신경증적 증상은 보이지 않는다.
- 중요하든 중요하지 않든 간에 자기가 한 일에 책임감을 느끼지 않는다.
- 진실성이 없고 후회할 줄 모르며 수치심이 없다.
- 충동적으로 보이는 반사회적인 행동을 한다.
- 병적인 이기주의를 보이고 진실한 사랑을 하지 못한다.

미국종교학회에서는 이단, 사이비와 같은 사교집단의 이러한 폭력적 특징을 다음과 같이 규정하였다.[52]

---

51) 정동섭 – 이영애, 『왜 구원파를 이단이라 하는가?』 (서울: 조이선교회, 2010); 288.
52) http://www.freedomofmind.com

1) 개인이나 그 친지의 가입을 강요함

2) 사고 통제 프로그램에 참여하게 함

3) 탈퇴하지 못하게 강요함

4) 궁극적인 목적을 속임

5) 이전의 생활과 가족과 사회로부터 격리시킴

6) 수치와 죄책감과 불안 속에서 살게 함

7) 비판의식을 마비시켜 그 굴레에서 벗어나지 못하게 함

이외에도 모리스 버럴M. Burrell은 사회심리학적 관점에서 이단의 특징을 카리스마적 지도력, 교세 확장을 위한 강한 전도열, 배타적이고 독선적인 진리, 집단 우월감, 중앙집권적 지배체제와 엄격한 통제, 정통교회의 교리와 전통으로부터의 탈선, 비밀스러운 은폐성, 개성의 말살, 체계적인 신학 교육과 기존 성직 무시 등이라고 하였다.53)

---

53) 정동섭 - 이영애, 『구원파를 왜 이단이라 하는가?』 (서울: 조이선교회, 2010), 254.

부록

"지금은 한기총에 '아니오' 할 때"

[인터뷰]

'한기총 이단 해제' 비판 신학대 교수 소송대책위원장 허호익 교수

지난 8월 한기총은 '한기총 이단 해제'를 비판한 신학대 교수 172명과 이들이 속한 25개 학교 법인, 6개 학회를 상대로 10억을 청구하는 민사소송을 제기했다. 〈뉴스앤조이〉는 소송대책위원장 허호익 교수를 만났다.

〈뉴스앤조이〉 2013. 9. 11

34명, 100명, 110명, 172명. 한국기독교총연합회(한기총−홍재철 대표회장)가 2011년 다락방전도총회(다락방)와 통합한 예장개혁을 회원 교단으로 인정하고, 올해 초 다락방 이단 해제를 결정할 때까지 이를 비판하는 입장 표명에 동참한 신학대 교수들의 숫자는 계속 늘어났다.

한기총은 이들의 입장 표명을 "대다수 교수들의 동의가 없었음을 확인했다", "사이비 이단 감별사들과 연관됐다"고 폄훼했고, 지난 8월에는 한기총이 교수 172명과 이들이 속한 25개 학교법인, 6개 학회를 상대로 10억을 청구하는 민사소송을 제기했다. 하지만 한기총 비판에 동참한 교수의 수는 29명이 더 늘어 201명이 되었다.

6인 대책위원회를 구성해 소송에 대처하기로 한 교수들은 지난 7일 기자회견을 열고 '한국교회에 드리는 호소문'을 발표했다.

사건 주체도 아닌 학교법인을 소송 대상에 포함시켜 교수들의 입장을 곤란하게 하려는 한기총의 불순한 의도에 맞서 의연하게 대처하기 위해서는 "기도와 관심이 필요하다"는 것이다.

이렇게 많은 교수들이 같은 뜻을 일관적으로 표명하며 연합기구에 맞서 온 예는 찾아보기 어렵다. 이들이 어떻게 성명서를 발표하게 됐으며 어떻게 대처해 왔는지, 소송대책위원장 허호익 교수(대전신학대학교)를 만나 묵혀 두었던 질문과 답을 주고받았다. 허 교수는 이 사건에 동참하는 교수들이 한기총의 다락방 이단 해제가 "이단에게 면죄부를 주는 나쁜 선례를 남긴 교회사의 오점"이라는 인식을 공유하고 있다고 했다. 이번 사건에 대해 "신학자들이 어떻게 대응했는지 그 기록을 역사에 남겨야 한다"며 결연함을 보이기도 했다. 인터뷰는 9월 9일 저녁, 신촌에서 진행했다.

— 한기총의 이단 해제를 비판하는 성명을 낸 동기가 궁금합니다. 직접 나서야겠다고 느낀 계기가 있었는지요?

간단하게나마 그간의 경위를 조금 설명해야 할 것 같다.

2013년 1월 14일 한기총은, 대한예수교장로회 고신-고려-통합-합동-합신-기독교대한성결교회-대한기독교감리회 등 한국의 대표적 교단들이 '이단', '사이비성', '불건전한 운동'으로 규정한 류광수의 다락방을 이단성이 없다고 결정했다.

"한기총 문제가 한국교회의 정화와 개혁에 있어서 가장 시급한 문제 중 하나라고 뜻을 모은 교수들은 이 문제에 대한 신학적 입장을 밝히는 것이 우리들에게 부여된 신학적 사명이며 역사적 소명이라고 생각했다."

2011년 이단 해제 등의 문제를 제기하며 한기총 소속 20개 교단으로 구성된 '한기총정상화를위한대책위원회(대책위)'가 2012년 3월 29일 한기총에서 탈퇴(또는 행정 보류)하여 한국교회연합(한교연-박위근 대표회장)을 결성했다. 2013년 8월 현재 예장통합-기성-예성-대신-기하성(여의도)-백석 등 34개 교단이 한교연에 가입돼 있으며, 100여 개의 교단과 기독교 단체가 가입된 일본복음주의동맹 총회도 지난 6월 한기총과의 선교 협약을 파기하기에 이르렀다.

이런 사태를 보면서 대책위가 제기한 한기총의 여러 문제 중 특히 이단 해제 문제는 신학자들로서 향후 한국교회의 이단들에게 면죄부를 주는 아주 나쁜 선례를 만드는 치명적인 사안이라 생각했다. 무엇보다 20개 교단이 탈퇴한 것을 보며 한기총이 자정 능력을 상실했다고 판단했다. 한기총 문제가 한국교회의 정화와 개혁에 있어서 가장 시급한 문제 중 하나라고 뜻을 모은 교수들은 이 문제에 대한 신학적 입장을 밝히는 것이 우리들에게 부여된 신학적 사명이며 역사적 소명이라고 생각했다. 이에 6월 14일 전국 14개 신학교 110명 교수들은 '최근 한기총의 다락방 류광수 이단 해제에 대한 신학대 교수 110인 의견'을 발표했다.

13일 뒤인 6월 27일, 한기총은 홈페이지를 통해 '박용규 교수 외 110인의 성명서에 대한 반박 성명서'를 발표했다. 한기총이 여전히 이단 해제가 가져올 신학적 혼란의 폐해를 심각하게 생각하지 않는 것으로 판단하고, 더 많은 교수들이 이 문제를 지속적으로 제기해야겠다고 생각했다. 7월 9일 25개 대학 교수 172인이 '최근 한기총의 다락방 류광수 이단 해제에 대한 신학대 교수 172인 의견'을 발표했다. 같은 날 한국복음주의신학회-한국기독교학회-한국장로교신학회-한국성경신학회-한국개혁신학회-

한국교회사학회-한국복음주의역사신학회가 여러 회원들의 뜻을 모아 "한기총은 이단 결정이나 해제를 중지하라" 등의 성명서를 발표했다.

한기총은 2013년 8월 1일 자로 서명 교수 172명과 6개 학회, 그리고 서명 교수의 소속 대학 24개 법인 등 207명을 피고로 삼아 서울중앙지방법원에 10억의 손해배상 청구 소송을 제기했다.

— 한기총이 민사소송을 제기할 거라고 예상하셨나요. 고소를 당한 교수들의 반응은 어땠는지요?

솔직히 소송까지는 생각하지 못했다. 교수들이 각종 성명서를 발표하는데, 그것 때문에 소송을 했다는 얘기는 들어 보지 못했다. 성명서 발표로 우리가 사적 이익을 얻는 것도 없다. 한국교회의 바른 신학과 신앙 계승, 신학적 정화와 개혁이라는 공익을 위한 시대적 역사적 사명이라는 확신과, 신앙 양심-표현-학문의 자유라는 법 정신에 따라 성명을 발표하게 된 것이다.

"한기총의 이단 해제, 한국교회 '화합과 일치' 해쳐"

— 성명서 발표는 어떤 과정으로 진행했나요. 한기총을 상대로 성명을 내는 게 쉽지는 않았을 텐데 교수들의 반응은 어땠는지요?

한기총의 정관 전문을 보면 "예수 그리스도께서 한국교회에 주신 사명에 충실하기 위해 좌로나 우로 치우치지 않으면서 연합과 일치를 이루고 정부와 사회를 향해 올곧은 한목소리를 통해 하나님의 공의와 사랑을 실현함으로써 한국 기독교의 위상을 공고히 하는 데 매진한다"고 쓰여 있다. 그런데 지금의 한기총을 보면, 설립 정신을 따라 일하고 있는지 문제를 제기할 수밖에 없다. 무엇보다 이단 해제 문제 등으로 34개 교단이 탈퇴 또는 보류하게 만든 것은 결국 '화합과 일치'라는 한기총의 설립 목적에 역행하는 것이다. 한기총 스스로가 기독교 위상을 공고히 하기는커녕 실추시키고 있는 것이 아닌가 하는 생각은 신학 교수라면 누구라도 할 수 있다고 본다.

"한기총은 오히려 한국교회의 화합과 일치를 해치고 있다. 예수님께서도 '예 할 것은 예 하고 아니오 할 것은 아니오 하라'고 말씀하셨다. 아마 서명에 참여한 대부분의 교수들이 지금은 '한기총에 대해 아니오라고 분명히 말할 때'라고 판단한 것 같다."

예수님께서도 "예 할 것은 예 하고 아니오 할 것은 아니오 하라"고 말씀하셨다. 아마 서명에 참여한 대부분의 교수들이 지금은 '한기총에 대해 아니오라고 분명히 말할 때'라고 판단한 것 같다. 현금의 한기총은 한국교회의 화합과 일치를 해치고 있으며, 그들이 독단적으로 이단을 해제한 나쁜 선례는 막아야 한다고 확신하고 참여한 것 같다. 한국교회를 바로 세우려는 충정에서 교수들이 참여한 것이지, 동참을 받기 위해 무슨 조직을 따로 결성하지 않았다. 다만 몇몇 교수들이 알음알음해서 주변에 이러한 취지를 알렸다. 참여를 권고받고 사양하거나 반대한 사람은 거의 없는 것으로 알고 있다. 거의 모두가 흔쾌히 의견서 발표에 동참한 것으로 알고 있다.

"이단 해제 관련 공청회 시도한 게 문제"

— 한기총은 6월 27일 반박 성명서에서 자신들은 공청회 등 다양한 의견을 살펴서 다락방 이단 해제 결정을 내렸다고 했습니다. 또 신학교수들에게는 진지한 토론이나 대화 없이 여론 몰이 방식으로 이단정죄를 하려 한다고 비판했습니다. 어떻게 생각하시나요?

이단 결정과 해제는 각 교단이 적법한 절차에 따라 진행해야 하고 그렇게 해 왔다. 어느 한 교단이 특정 인물이나 집단에 대해 이단성을 결정할 경우 다른 교단들이 이를 존중한 것도 그 때문이다. 교단들이 다락방 이단 해제를 하지 않았고 하려는 움직임이 없는데, 연합 기구인 한기총이 이단 해제와 관련된 공청회를 시도하는 것 자체가 문제다.

— 한기총은 교수들이 발표한 의견서 명단에는 내용을 모르는 사람의 이름도 있다고 주장했습니다. 이에 대해 공식적으로 문제를 제기한 사람이 있었나요?

명단에서 이름을 빼 달라고 요구한 교수님은 한 분도 없었다. 10억 민사소송의 소장을 받으면 누구나 당황할 것이다. 한기총은 다수의 교수들이 소송의 부담을 느껴 "성명 내용을 잘 모르고 참여했다"고 밝히고 탈퇴할 것을 기대한 것 같다. 의견서 발표에 동참한 교수의 소속 대학 법인까지 소송 대상에 포함한 것도, 법인이 소송의 부담을 느껴 동참한 교수의 재임용과 승진 등에 불이익을 줄 수도 있다는 가능성을 고려해 교수들을 위축시키려는 저의가 있다고 생각한다.

한기총이 그런 목적으로 소송을 제기했다고 하더라도, 172인이 단합해 의견을 같이 한다는 것만으로도 그 의도는 물거품이 된 것이 아닐까. 의견서 서명 교수 숫자도 10억 민사소송이 알려진 후 오히려 201명으로 늘어났다.

"침묵하는 것은 직무 유기"

— 한기총의 고소에도 동참하는 교수들이 늘어난 이유가 무엇이라고 생각하시나요?

교수들이 이번 사태의 핵심을 잘 파악하고 있었기 때문이다. 오늘날 한국교회는 우후죽순처럼 발흥하는 이단으로 홍역을 치르고 있다. 한국교회 역사상 이처럼 이단이 무섭게 발흥하는 시대는 없었던 것 같다. 이런 상황에서 한기총이 이단 해제를 했다. 신학 교수로서 앞으로 한국교회에 생길 혼란을 알면서도 침묵하는 것은 직무 유기라고 생각했을 것이다. 왜냐하면 신학 교수는 교단과 한국교회의 신학과 신앙적 순결을 지키고, 이단 세력으로부터 한국교회와 성도들을 보호해야 할 책임이 있기 때문이다. 그래서 29명의 교수들이 서명에 추가로 동참한 것이다. 앞으로 더 많은 교수들이 우리와 뜻을 같이할 것이라고 생각한다.

— 신학을 전공하지 않은 교수가 이단 문제를 거론한다는 것도 문제 삼았는데…

이 문제는 신학을 전공해야만 판단할 수 있는 문제가 아니다. 신학대학에 소속된 교수가 전공이 무엇이든 한국교회와 소속 교단의 건강한 발전과 성장을 위해 노력해야 하고 책임의식을 갖는 것은 당연하다. 한국교회의 개혁과 신앙의 순결을 위해서 신학대학에 소속된 교수들이 동참한 것은 바람직한 일이고 감사한 일이다. 이단 해제는 이단을 결정한 해당 교단에서 적법한 절차에 따라 진행하고, 한국교회의 합의가 이루어져야 한다는 사실을 교수들은 잘 알고 있다. 더구나 자신들이 몸담고 있는 대학이 속한 교단에서 이단 혹은 이단성이 있다고 결정한 집단을, 연합 기구인 한기총이 절차를 거치지 않고 이단 해제 결정을 한 것에 시정을 요구하고 입장을 피력한 것은 문제될 것이 없다. 한국교회는 신학자—목회자—교인 모두가 함께 이루어가야 할 주님의 몸이기 때문이다.

"한국교회에 대한 깊은 책임 의식을 느끼고 겸손하게 신학 교수로서의 사명을 감당하려고 한다. 한국교회가 이단에 용기 있게 맞서며 건강한 교회로 회복되는 역사가 있었으면 좋겠다. 한국교회 목회자와 교인들 모두 부족한 저희들을 위해 기도해 주시면 감사하겠다."

"한기총 이단 해제는 교회사적 사건… 역사에 남겨야"

― 전국의 교수들과 주요 학회가 단합해서 한기총에 맞서는 모습이 이
례적입니다. 이번 사건은 어떤 의미가 있을까요?

서명에 동참한 대부분의 교수들은 학회에 소속된 이들이
다. 학회에 지도적인 위치에 있거나 학회의 오피니언 리더들
이 많다. 또 학회에 소속된 교수들 대부분이 신학대학 교수이
기 때문에 같은 마음으로 한국교회를 염려했을 것이다. 우리
는 이번 한기총의 결정이 이단들에게 면죄부를 주는 아주 나
쁜 선례를 남긴 한국교회사의 오점이라고 판단하고, 이를 원
상회복하여야 한다는 확신을 공유하고 있다. 일제시대에 한
국교회가 신사참배를 종교의식이 아니라 국민의례라고 결의
한 것은 강압에 의한 것이었지만, 이번 문제는 한기총에 의해
자발적으로 이루어졌다는 점에서 더 심각하다고 본다. 한기
총 이단 해제는 교회사적 사건이라 생각하고, 이 문제에 우리
신학자들이 어떻게 대응했는지 그 기록을 역사에 남겨야 한다
고 본다.

— 마지막으로 소송을 어떻게 준비하고 있는지와 앞으로의 계획을 이야기해 주세요.

한국교회에 대한 깊은 책임 의식을 느끼고 겸손하게 신학 교수로서의 사명을 감당하려고 한다. 각자 소속 신학교에서 교수 사역을 성실하게 감당하면서 소송에 의연하게 대처하겠다. 우선 한기총이 우리의 이러한 충정을 이해하고 돌이켜 이단 해제를 철회하는 결단을 할 수 있도록 기도할 것이다. 소송 대처를 위해 6인의 소송대책위원회를 구성하였고, 경륜과 이단 소송의 전문성을 갖춘 신실한 변호사를 선임해 맡길 것이다. 우리의 선한 동기와 뜻을 보다 많은 교단-교회-신학대학-교인들에게 알리려고 한다. 그리고 6개 학회가 모일 때 보다 많은 교수들이 이 일에 동참할 수 있도록 계속해서 기도하며 노력할 것이다. 이번 일을 계기로 한국교회가 이단에 용기 있게 맞서며 건강한 교회로 회복되는 역사가 있었으면 좋겠다. 한국교회 목회자와 교인들 모두 부족한 저희들을 위해 기도해 주시면 감사하겠다.

참 고 문 헌

Barr, J. , 『근본주의 신학』, 서울: 대한기독교서회, 1993.

Brunner, B., *The Christian Doctrine of God* , Westminster Press, 1950.

Calvin, J. / 원광연 역,2003.,『기독교강요 상』, 서울: 크리스챤다이제스트

Gaisler, N. L, 『성경무오, 도전과 응전』, 서울: 엠마오, 1988.

Gutierrez, G. / 성염 역,『해방신학』, 서울: 분도출판사, 1991.

Hong, Nan Sook, *In the Shadow of the Moons- My Life in the Reverend Sun Myung Moon's Family,* Little Brown and Company. 1998.

Küng, Hans /이홍근, 『교회란 무엇인가?』, 서울: 분도출판사, 1978.,

Placher, W. C.,『기독교 신학사 입문』, 서울: 크리스챤다이제스트, 1994.,

Schleiermacher, F.,『신학연구입문』,서울: 대한기독교출판사, 1982.

Young, Franees M. / 이후정·홍삼열 역,『초대기독교신조형성사』, 서울: 컨콜디아사, 1994.

기독교문사 편,『기독교대백과사전 2권』, 서울: 기독교문사, 1994.

김기홍,『프리스톤신학과 근본주의』, 서울: 아멘출판사, 1993.

김영무·김구철,『이단과 사이비』, 서울: 아가페문화사, 2004.

나운몽,『동방의 한 나라』상권, 서울: 애향숙, 1975.

대한예수교장로회총회 외 편,『종합 사이비·이단연구보고집』, 서울: 대한예수교장로회 총회, 2001.

_____,『종합 이단·사이비 연구보고집』, 서울: 한국장로교출판사, 2011.

_____,『이단사이비대책 역대세미나』, 서울: 대한예수교총회 이단·사이비문제상담소, 2004.

박준철,『빼앗긴 30년 잃어버린 30년─문선명 통일교 집단의 정체를 폭로한다』, 서울: 진리와생명사, 2000.

세계교회협의회 엮음, 『세계교회가 고백해야 할 하나의 신앙고백』, 서울: 한국장로교출판사, 1996.

음국배, 『통일교 그 베일을 벗다』, 서울: 자유문고, 2008.

이단사이비대책위원회, 『이단사이비를 경계하라』, 서울: 기독교대한성결교회, 2015.

이대복, 『통일교의 원리비판과 문선명의 정체』, 서울: 큰샘출판사, 1999.

이종성, 『교회론 II』, 서울: 대한기독교 출판사, 1988.

이형기, 『정통과 이단』, 서울: 대한예수교장로회총회출판국, 1992.

장관섭, 『이단들의 최근 동향 I』, 서울: 도서출판 리폼드, 2003.

정동섭 · 이영애, 『구원파를 왜 이단이라 하는가?』, 서울: 조이선교회, 2010.

_____, "신흥종교 교주 및 신도들에 대한 심리학적 분석", 「교회와 신앙」 2013년 5월 29일

정득은, 『생의 원리』, 서울: 세종문화사, 1958.

정명석, 『비유론』, 서울: 국제크리스챤연합, 1988.

조성식, "대해부 통일교 왕국", 「신동아」 2006년 9월호,

총회 헌법개정위원회 편, 『대한예수교 장로회 헌법』, 서울: 대한예수교장로회 출판국, 1992.

최덕성, "박형룡과 개혁과 정통신학", 『정통신학과 경건』, 서울: 본문과현장사이, 2006.

탁명환, 『기독교이단연구』, 서울: 도서출판 연구사, 1989.

탁지일, 『이단』, 서울: 두란노, 2014.

편집부, 『한국의 신흥종교: 자칭 한국의 재림주들』, 국제종교문제연구소, 2002.

한국기독교총연합회 이단사이비 문제 상담소 『이단 사이비 연구 종합자료 II』. 서울: 도서출판 한국교회문화사, 2007.

_____, 『이단사이비종합자료 2004』, 서울: 한국교회문화사, 2004.

허호익, "『격암유록』의 위조와 기독교 이단들의 종교혼합주의", 「장신논단」 36(2009), 42-70.

_____, "'새주교'의 김성도권사와 이단기독교의 교리적 계보", 「신학과문화」 22집

(2013), 153-180.

_____, "성적타락론과 '피가름 교리'의 계보", 「현대종교」 2014년 9-12월호

_____, "이단사이비 규정의 기준 ―신앙의 다양성과 이단성 및 일치의 공동분모", 대한예수교장로회 총회 이단·사이비대책위원회 편, 『제2회 지역별 이단·사이비 대책세미나』 서울: 대한예수교장로회 총회 이단·사이비대책위원회, 2006,

_____, "한국신학사 방법론서설", 「한국교회사학회지」 제2집(1985).

_____, "한국신학의 회고", 「總神」 제10호(1987) 26-40.

_____, 『신앙, 성서, 교회를 위한 기독교신학』, 서울: 동연, 2009.

현대종교 편집국, 『이단 바로알기』, 서울: 월간 현대종교, 2011.

황선조 편, 『축복결혼』, 서울: 세계평화통일가정연합, 2005.

_____, 『평화훈경―평화메시지와 영계보고서』, 서울: 천주평화연합·세계통일평화가정연합, 2007.

"하나님의교회, 세계복음선교협회― 하나님 어머니를 섬기는 사람들", 「월간조선」 2009년 3월호.

* 참고 사이트

고신총회 유사기독교 연구소(www.eusakidok.kosin.org)

예장합신 한국기독교이단상담소(www.jesus114.org)

총회(통합) 이단사이비대책위원회(www.pck.or.kr/)

총회(합동) 이단(사이비)피해대조사연구책위원회(www.2dan.kr)

한국기독교이단상담협의회(www.jesus114.net)

월간 『현대종교』(www.hdjongkyo.co.kr)

「교회와신앙」(www.amennews.com)

한국신학마당 이단사이비 게시판(www.theologia.kr/borad_idan)